Au Professeur Debreu
hommage de l'auteur.

LA RÉMUNÉRATION DU CAPITAL ET DE LA MONNAIE

JACQUELINE FAU
Professeur à l'Université de Paris I

LA RÉMUNÉRATION DU CAPITAL ET DE LA MONNAIE

Smith, Keynes et les autres...

La difficulté en économie politique n'est pas de dire certaines choses exactes et intéressantes, mais beaucoup qui soient toutes compatibles et aucune inexactes.

ÉDITIONS CUJAS
4, 6, rue de la Maison-Blanche
PARIS

Dépôt légal. — 1re édition : 4e trimestre 1977

AVANT-PROPOS

Cet ouvrage est un prolongement de travaux universitaires en enseignement et en recherche, sur la monnaie et les revenus. Il tente d'analyser le contenu et les implications, les tenants et les aboutissants d'un principe : celui de la rémunération du capital.

Il apparaît que ce principe résulte d'une vision simplifiée, pour ne pas dire simpliste de l'économie politique. L'énoncé absolu, la défense aveugle d'un postulat de rémunération du capital seraient-ils vraiment raisonnables?

La rémunération du capital est-elle un principe inhérent à l'économie politique? Faut-il le défendre au nom de l'économie politique?

Depuis l'avènement en mi-XXe siècle de systèmes nationaux de monnaie-crédit, ce postulat n'implique-t-il pas des conséquences désastreuses? Alors vaut-il qu'on le défende au titre des « sciences morales et politiques »?

En définitive le principe de rémunération du capital, qu'il n'est plus possible de dissocier aujourd'hui de celui de rémunération de la monnaie, ne constitue-t-il pas une entrave à l'épanouissement de l'économie politique individualiste et libérale? Saura-t-elle relever cette sorte de défi à son fonctionnement et à son existence, défi auquel certains de ses adeptes ont fini par l'acculer, sans bien s'en rendre compte.

Pour les économistes individualistes et réalistes, l'avenir de l'économie libérale vaudra-t-il l'abandon du principe de rémunération de la monnaie et du capital?

Voilà des questions à examiner en toute rigueur, afin que l'économie politique puisse retrouver son efficacité collective, sa cohérence pré-marxiste, son élan vital dans nos sociétés libérales actuelles.

*
* *

Cet ouvrage tente d'exprimer une « analyse économique » qui relève du domaine scientifique, sans recourir ni à des expressions mathématiques, ni à des figures, ni à des schémas.

La formalisation mathématique est peut-être l'effort d'abstraction le plus achevé. Mais l'économie, politique ou non, concerne chacun. Ceux qui sont rebutés par les expressions mathématiques, ont cependant droit d'accès à une certaine connaissance scientifique. L'auteur a tenté ici de ré-entr'ouvrir une porte, que d'ailleurs les fondateurs de l'économie politique tenaient largement ouverte...

***

Sur bien des points il semblera au lecteur, avec raison, que la vision économique de l'auteur diffère de celles qui ont cours actuellement. Dans la terminologie utilisée l'auteur a évité dans la mesure du possible les mots du vocabulaire économique qui sont trop chargés actuellement de références implicites à telle ou telle théorie quasi-doctrinale.

Mais l'auteur sait aussi qu'il est imprudent de ne pas partager une des visions dominantes, même si c'est sa propre démarche qui est la moins éloignée de la réalité des phénomènes étudiés... Aurait-on vraiment toujours tort, d'avoir raison sans l'assentiment préalable d'une des communautés scientifiques existantes?

L'avenir tranchera.

SOMMAIRE

première partie

LA RÉMUNÉRATION DU CAPITAL EST-ELLE UN DES PRINCIPES DE L'ÉCONOMIE POLITIQUE ?

Une re-lecture de quelques grands auteurs est nécessaire aujourd'hui pour se rendre compte en quoi la rémunération du capital constitue ou non un des principes fondamentaux de l'économie politique fondée il y a deux cents ans.

Comment à des intervalles d'une quarantaine d'années, le principe de rémunération du capital a-t-il été successivement posé par Adam Smith, puis développé par Ricardo, puis critiqué par Marx.

Depuis un siècle une coupure apparaît dans les courants théoriques. Les théories marginaliste et néo-classique posent le principe de la rémunération du capital comme un postulat. Tandis qu'au contraire les théories marxistes partent du principe de sa suppression nécessaire.

Dans l'entre-deux guerres la grande crise économique du monde occidental suscite les réflexions perplexes de Keynes. Leurs prolongements théoriques ne semblent pas achevés.

Une rapide récapitulation des principaux raisonnements s'impose, sans prétendre proposer une histoire de la pensée. Il ne s'agit pas de faire l'exégèse d'une liste exhaustive des auteurs qui ont traité de l'économie politique. Quatre ouvrages-clés sont constamment cités aujourd'hui. Ils sont facilement accessibles en édition française actuelle.

- *Adam Smith, « Recherches sur la nature et les causes de la richesse des nations », 1776 (année de parution en langue originale). La traduction française parue chez Guillaumin en est reprise par Gallimard en 1976, (collection Idées).*
- *Ricardo, « Principes de l'économie politique et de l'impôt », 1817 et 1821. La traduction française parue chez Guillaumin en est reprise par Calmann-Lévy, et par Garnier-Flammarion (collection Sciences).*
- *Marx, « Le capital » Livre 1, 1867. Traduction française chez Garnier-Flammarion et aux Éditions sociales.*
- *Keynes, « Théorie générale de l'emploi, de l'intérêt et de la monnaie », 1936. Traduction française chez Payot.*

Ces ouvrages-clés jalonnent l'évolution du concept de rémunération du capital, depuis deux cents ans.

Leurs lectures et re-lectures très attentives fournissent quelques réflexions succinctes mais essentielles sur ce sujet.

chapitre 1

UNE LECTURE D'ADAM SMITH 1776[1] *: UNE RÉMUNÉRATION PROPORTIONNELLE AU CAPITAL, POUR REMPLIR UNE DES CONDITIONS DE L'ABONDANCE MATÉRIELLE D'UNE NATION*

1. « Recherches sur la nature et les causes de la richesse des nations. » Comme déjà indiqué, le texte de Smith en français (traduction éditée par Guillaumin en 1843) est repris par Gallimard pour les grands thèmes, en collection Idées (1976).

Adam Smith pose le raisonnement initial d'une rémunération proportionnelle au capital.
Il définit le profit de telle sorte que le capital puisse s'accroître pour que les produits se multiplient.
Définition, rôle et évolution du profit sont logiquement liés.

■ LA DÉFINITION DU PROFIT

Pour Adam Smith le profit rémunère ce que nous intitulerions aujourd'hui une personne active indépendante qui emploie du capital.

● Le profit n'est pas un salaire.

Smith distingue nettement cette rémunération de celle des personnes actives dépendantes ou salariées. Les taux de salaire sont hiérarchisés. Ils se hiérarchisent même de plus en plus avec la croissance et la subdivision des tâches, semble-t-il pour A. Smith.

Les hauts et très hauts salaires qui rémunèrent l'activité dirigeante, ne sont pas des profits. Car leur taux n'est pas strictement proportionnel au montant du capital dont ils dirigent l'emploi.

● Une définition spécifique du profit.

Le profit est lui, strictement proportionnel au capital employé.

Disons en clair que c'est un « taux » (ou pourcentage), appliqué à une « assiette » qui est le montant nominal des fonds engagés et employés pour produire. Le « montant » du profit est le résultat de la multiplication de son « taux » par son « assiette ».

● L'assiette du profit est le stock de capital.

Ces fonds sont l'expression nominale d'un « stock ». Ce stock a une « durée » qui est liée au « flux » de renouvellement de ce stock. Ce stock est constitué par des dépenses matérielles : 1) denrées constituant les fonds de roulement à remplacer dans l'année (partie dite de capital circulant) et 2) améliorations des terres, et machines, qui ne sont pas remplacées dans l'année (partie dite de capital fixe).

● Les taux du profit sont hiérarchisés.

Le taux à appliquer à cette assiette peut être hiérarchisé, comme l'est le taux de salaires.

Mais sur les cinq causes de hiérarchie des taux, quatre causes jouent pour les taux de salaires, et deux causes seulement jouent pour les taux de profit. Ceci implique peut-être une hiérarchie de taux moins étendue pour les profits que pour les salaires.

● L'intérêt est prélevé sur le profit.

Sur la masse de chaque montant de profit est prélevé le montant de l'intérêt, en cas d'emprunt des fonds. Ce prélèvement n'a donc lieu qu'exceptionnellement, si les fonds n'ont pas été amassés d'avance par le producteur lui-même. Le taux de l'intérêt des fonds empruntés est plus faible que le taux du profit qui doit supporter ce prélèvement. Il est de la moitié environ du taux des profits; Smith indique par exemple qu'en Grande-Bretagne le taux d'intérêt est de 4 à 5 %, pour 8 à 10 % de taux de profit.

● Le profit est un coût de production.

Les profits perçus permettent aux personnes actives indépendantes leurs dépenses de consommation : achats de produits de nécessité, de commodités et d'agrément.

Notons enfin que le profit n'est pas résiduel. Le prix de vente ou valeur échangeable est constitué par l'addition de ce profit (défini a priori par son taux et son assiette) et des salaires définis eux-mêmes par leur « taux » (hiérarchisé s'il y a lieu), et leur « assiette » (qui serait ici le nombre de salariés à chaque taux de salaire).

Si le prix de vente est élevé, une rente est payée à des propriétaires fonciers. Notons que ce point sera repris par Ricardo, en une analyse plus précise.

■ LE RÔLE DU PROFIT

L'ouvrage d'Adam Smith expose la découverte d'un principe assorti d'une contrainte.

● L'abondance matérielle par la subdivision des tâches.

La subdivision des tâches est productive, au sens où elle accroît de façon considérable la puissance productive du travail. Avec une quantité égale de travail, des quantités beaucoup plus importantes d'unités matérielles sont produites. C'est la découverte du secret de l'abondance matérielle, c'est-à-dire de la multiplication des quantités physiques par rapport au nombre des personnes actives.

C'est ainsi qu'il faut comprendre que la « division du travail » correspond à la « multiplication » des biens matériels.

● La production de services de consommation prélève sur les biens matériels de consommation.

Notons qu'en ce sens les prestataires de services (agents de l'État, domestiques) apparaissent à Adam Smith comme des travailleurs improductifs. Ils ne sont pas susceptibles d'accroître les richesses matérielles. Ils en prélèvent au contraire, par leur consommation individuelle. En consommant des prestations de services, on prélève ainsi sur la consommation en biens matériels.

● La contrainte de l'accroissement des stocks en nombre.

Le principe de l'abondance matérielle est assorti d'une condition. Adam Smith l'énonce aussitôt après le principe. La subdivision des tâches (qui est à l'origine de l'abondance matérielle) implique une augmentation du nombre des échanges.

Il ne faut pas confondre le « nombre » avec le « montant » des échanges. Le montant des échanges augmente évidemment avec l'abondance matérielle.

Mais le nombre d'actes d'échange augmente aussi avec l'abondance matérielle. Et chaque acte d'échange implique lui-même l'existence d'un « stock », entre flux d'entrée et flux de sortie. Le nombre de « stocks », à flux d'entrée inchangés, augmente donc avec la subdivision des tâches.

Les quantités de biens de production doivent augmenter plus que les quantités de biens de consommation, en même temps que les quantités produites sont multipliées. C'est en ce sens qu'il faut comprendre que la subdivision des tâches ou « division du travail » doit s'accompagner de l'accroissement des stocks de biens de production ou « accumulation du capital ».

● La multiplication des produits dépasse de beaucoup l'accroissement des stocks.

Ainsi un mécanisme intervient comme entrave dans le développement de l'abondance matérielle. Pour obtenir l'abondance, il faut accroître les stocks existants, plus que proportionnellement aux flux qui les renouvellent. Cette contrainte n'est nullement dissuasive.

Au niveau de la nation, l'abondance matérielle due à la subdivision des tâches est très supérieure au prélèvement matériel que l'accroissement des stocks exige.

C'est ainsi qu'il faut comprendre que l'instauration de la division du travail permet d'accroître sa « puissance productive », même compte tenu de la contrainte de « l'accumulation du capital ». La multiplication des quantités produites par bras dépasse de beaucoup la contrainte du prélèvement en surcroît de biens de production.

● La rémunération de ceux qui accroissent les stocks augmente.

L'accomplissement de cette contrainte est favorable à toute la nation. Mais l'est-il en particulier pour les individus qui en prennent la décision?

C'est pour favoriser l'accomplissement de la contrainte qu'Adam Smith instaure le principe d'un type de rémunération qui soit proportionnelle au stock de capitaux réels. L'accroissement du stock n'apparaîtra pas une contrainte dissuasive, puisque l'individu qui décide de l'augmentation du stock va en bénéficier automatiquement dans sa rémunération. C'est pour contrecarrer la dissuasion que l'assiette du profit est « le capital », c'est-à-dire le montant nominal du stock de biens de production.

● Intérêts particuliers et intérêt général sont compatibles.

La satisfaction des intérêts particuliers de ceux qui emploient le capital, permet de lever la contrainte qui pèse sur l'obtention de l'abondance matérielle. L'intérêt particulier des personnes qui emploient des capitaux, est compatible avec l'intérêt général.

Il y a sur-abondance matérielle pour la consommation, par la « division du travail », et malgré « l'accumulation du capital ».

Le prélèvement matériel que constitue l'accumulation du capital, ne représente qu'une très faible partie de l'abondance matérielle liée à la division du travail. Ce qu'il reste du surplus matériel net, après prélèvement pour surcroît de biens de production, est le surcroît de biens de consommation. Le progrès des richesses matérielles de la nation est aussi celui de tous ses habitants.

■ L'ÉVOLUTION DU PROFIT

Dans cette optique, la rémunération proportionnelle du capital apparaît comme une hypothèque partielle, sur le surplus matériel à obtenir de l'établissement de la subdivision des tâches.

● Synchronisation du surplus matériel et de l'accroissement des stocks.

C'est une hypothèque; car c'est un droit à exercer, après que le surplus matériel soit obtenu. Ce qui est conjoint à l'obtention du surplus matériel, c'est l'accumulation du capital. Elle ne la précède pas réellement, car elle résulte de la subdivision des tâches. Et par ailleurs l'instauration de la division du travail implique qu'elle se réalise.

Disons pour simplifier, qu'elles doivent être réalisées toutes les deux simultanément à l'intérieur d'une période.

● La répartition du surplus matériel (net de l'accroissement du capital).

La rémunération proportionnelle au capital est une hypothèque qui n'est que partielle.

Le montant des profits hors affectation au surcroît de capital, est un revenu à affecter à la consommation; il représente un droit sur les biens de consommation et sur leur augmentation c'est-à-dire sur le surplus matériel obtenu. Mais ce droit au surplus, ne s'étend pas sur la totalité du surplus en biens de consommation. La perception nominale de profits et leur dépense réelle en consommation matérielle individuelle, n'épuisent pas la totalité des biens de consommation, ni la totalité du surplus matériel obtenu.

Les salariés et les propriétaires fonciers en ont aussi leur part.

La part des propriétaires fonciers augmente dans l'absolu avec le surplus. Mais leur part relative diminue.

La part des salaires augmente dans l'absolu avec le surplus. Et leur part relative augmente. Le taux des salaires par tête dépend d'une autre donnée qui est le nombre de la population; ce point sera aussi repris par Ricardo.

● Au sommet de l'abondance matérielle, la masse des profits se stabilise.

Enfin cette hypothèque partielle n'a plus de raison d'être si aucun surplus matériel ne peut plus être obtenu.

Pour Adam Smith la part des profits tend vers une limite, du fait même de leur rôle. Au fur et à mesure que les accroissements de stocks exigés par la subdivision des tâches, sont réalisés, l'incitation à augmenter ces stocks peut et doit s'atténuer.

L'assiette des profits s'accroît avec l'accumulation du capital. Mais le « taux » des profits diminue avec elle. Ainsi la masse des profits peut se maintenir par rapport à l'ensemble des revenus.

Notons que le taux des profits ne diminue certainement pas jusqu'à devenir nul.

Car la masse des profits rémunère des personnes actives indépendantes; elles ne disparaissent pas... Leur niveau de vie s'est accru avec la richesse matérielle de la nation, comme celui des salariés.

Ce qui peut devenir très faible, c'est le taux d'intérêt (net de la compensation du risque de prêt). Il peut être tellement faible que presque aucun prêteur ne peut en vivre... ; ainsi tout le monde est obligé d'avoir une activité.

● Les taux de profit diminuent parce que l'assiette du profit s'accroît.

Pour Adam Smith la concurrence qui va faire baisser le taux de profit, s'exerce sur les stocks matériels.

Dans une société en état d'avancement, la concurrence ne joue pas, en ce sens que la demande de stock matériel devient supérieure à l'offre; car le capital-stock devient relativement rare, par rapport aux besoins de capital-stock que la subdivision des tâches commence à exiger.

Puis avec le degré d'avancement de la société, le capital s'accumule, en même temps que la production se multiplie par subdivision des tâches. La rareté relative du capital-stock tend à se résorber. Enfin lorsque la société a atteint l'état avancé, le capital-stock a été accumulé; il n'a plus besoin d'être accumulé; il est seulement renouvelé; sa rareté relative a disparu. La concurrence, que le processus d'accumulation avait momentanément entravée, réapparaît.

● La transition vers l'abondance matérielle.

Pour une nation dont le peuplement est donné, et dont les institutions qu'elle s'est donnée sont ce qu'elles sont, c'est l'état existant des connaissances scientifiques et techniques qui définit un certain degré de tâches subdivisées, et de capital-stock accumulé, une sorte de sommet possible d'abondance matérielle.

La phase de transition pour atteindre ce degré, consiste en division (au sens d'action pour subdiviser) des tâches, et en accumulation (au sens d'action pour augmenter) du capital-stock. C'est au cours de cette phase, que le profit apparaît avec la spécificité de son assiette. Auparavant il ne pouvait exister que rémunération de travail.

● Grandeur et décadence du taux de profit.

D'emblée le taux de profit est à un niveau élevé. Il est tel parce que le capital n'est pas encore important, et parce que le niveau de consommation de ceux qui le perçoivent doit être plus élevé que celui des salariés. Il assure une sorte de prime aux personnes actives qui décident d'employer du capital, c'est-à-dire de constituer les nouveaux stocks que la mise en œuvre de la subdivision des tâches exige.

Puis avec la phase de transition, s'achève la justification de l'existence de cette prime. Le taux de profit assure le haut niveau de vie que l'abondance matérielle permet. Mais les raisons justifiant sa supériorité sur celui des salariés sont éteintes.

chapitre 2 *UNE LECTURE DE RICARDO 1817 et 1821* [1] *:* *LA NON-RÉMUNÉRATION DE LA TERRE.*

1. « Principes de l'économie politique et de l'impôt. »

Comme déjà indiqué, le texte de Ricardo en français (traduction éditée par Guillaumin en 1843) est repris par Calmann-Lévy (1970), et par Flammarion (1977).

L'œuvre de Ricardo suit d'une quarantaine d'années celle de Smith. Sa définition du profit demeure fondamentalement la même; il précise davantage le contenu concret du capital, biens de production durables ou non. Son analyse du rôle du profit n'est pas non plus différente de celle d'Adam Smith. Mais son analyse de l'évolution du profit n'apparaît pas la même que celle de Smith. C'est la rente qui est responsable de la diminution du taux de profit.

La rente est anormale en ce sens qu'elle résulte d'une situation néfaste et qu'elle provoque des effets nocifs. Ce n'est pas la terre que rétribue la rente; comme toutes ressources naturelles, la terre ne mérite aucune rémunération.

■ RICARDO COMPLÈTE ET RECTIFIE L'ANALYSE DE SMITH CONCERNANT L'ÉVOLUTION DES PROFITS

Pour Ricardo l'évolution à la baisse du taux de profit est moins due à la concurrence entre capitaux-stocks suffisamment augmentés, qu'à l'apparition et au développement de la rente.

● L'égalisation des taux de profit par la mobilité des capitaux.

La concurrence entre capitaux entraîne surtout l'égalisation des taux de profit, entre leurs différents emplois, à un moment donné. Si un emploi de fonds permet un taux de profit supérieur aux autres, des fonds se déplaceront vers cet emploi pour en bénéficier aussi. Alors l'arrivée de fonds élimine la supériorité momentanée de ce taux de profit. Il semble que ce principe d'égalisation par la concurrence l'emporte pour Ricardo, sur le principe défini par Smith d'une certaine inégalité des taux de profit.

● La diminution du taux de profit par la rente.

La baisse du taux de profit est due pour Ricardo, à l'existence de la rente que les propriétaires fonciers perçoivent. Et contrairement à Smith (philosophe non engagé dans la vie des affaires, défenseur de chaque classe et notamment de celle des propriétaires fonciers), Ricardo formule par-delà son raisonnement abstrait et rigoureux illustré d'exemples chiffrés fictifs mais réalistes, une critique de la rente, et une apologie du profit.

● L'évolution vers l'état stationnaire.

L'état dit stationnaire d'une société n'est plus un achèvement heureux comme chez Smith. C'est un blocage inopportun de la croissance.

Certes en cet état de croissance zéro, comme chez Smith, il n'est pas envisagé que le taux des profits puisse devenir nul. Car un montant de profit largement non-nul doit rémunérer les fabricants. De même que les ouvriers ne peuvent subsister sans salaires, de même les fabricants ne peuvent subsister sans profits.

L'approche de l'état stationnaire se caractérise pour Ricardo par l'augmentation de la part relative de la rente dans l'ensemble des revenus. On a vu que pour Smith la part relative de la rente au contraire diminuait.

La prépondérance progressive de la rente s'accompagne pour Ricardo d'un effondrement du taux des profits, et d'un affaiblissement du taux réel des salaires. Aucune classe de la société autre que celle des propriétaires fonciers qui perçoivent une rente ne peut bénéficier de l'apparition et du développement absolu de ce type de revenu que constitue la rente.

● L'état stationnaire, hypothèse dramatique à éviter.

La vision d'une rente prépondérante est pour Ricardo une sorte de modèle de simulation dont les prévisions doivent être craintes et repoussées.

Après avoir confirmé l'analyse de Smith concernant un certain antagonisme entre taux de salaires et taux de profits, Ricardo définit un type de revenu antagoniste à la fois aux profits et aux salaires.

Cet état stationnaire dont Ricardo espère qu'on est très éloigné, sert de repoussoir au principe évolutif déjà défini par Smith de la gravitation du taux de profit.

C'est bien par son raisonnement qui fonde la rente, que Ricardo s'oppose à Smith et s'affirme comme détracteur de la rente et défenseur du profit. Pour Ricardo la rente joue un rôle essentiel dans l'évolution des profits. La rente résulte d'une situation néfaste, et par ailleurs ses effets sont nocifs.

■ RICARDO RESTREINT ET RECTIFIE L'ANALYSE DE SMITH CONCERNANT LA RENTE : LA RENTE EST LA CONSÉQUENCE D'UNE SITUATION NÉFASTE

Ricardo pose la définition de la rente comme l'expression d'une situation néfaste. En situation normale, la rente n'existe pas. L'apparition de la rente est liée à l'apparition d'une situation anormale.

● Les mécanismes constitutifs de la rente.

La rente est l'inégalité des coûts en salaires et en profits, entre divers producteurs d'un même produit dès lors que sa demande augmente au-delà de ce que l'état des connaissances scientifiques et techniques permet de produire sans rendements décroissants des salaires et des profits chez certains producteurs. Cette situation est néfaste, mais elle est normalement provisoire. Car le progrès des connaissances scientifiques et techniques permet toujours à plus ou moins brève échéance de la faire disparaître. Et il convient même d'essayer de la détruire le plus rapidement possible, sinon elle va engendrer un processus pervers comme nous le verrons plus loin.

● La perception de la rente.

La rente est perçue par des propriétaires qui ne produisent rien. Elle est perçue par ceux qui ont eu l'opportunité de s'approprier certaines ressources naturelles qui par définition ne coûtent rien, et dont la rareté (provisoire) provoque l'inégalité (provisoire) des coûts en salaires et en profits pour produire le type de produit en question. « Ce n'est pas parce qu'on paye une rente que le blé est cher. » « C'est parce que le blé est cher qu'on paye une rente. » C'est parce que certains blés coûtent cher en salaires et en profits, qu'on paye une rente sur les autres blés.

La rente est due à l'existence de coûts réels plus élevés chez certains producteurs d'un même type de produit, que chez les autres producteurs de ce même type de produit. Ce ne sont pas ces producteurs qui sont moins efficaces; ce sont leurs conditions de production qui sont plus difficiles du fait de données naturelles.

● Disparité des prix de revient et égalité des prix de vente.

Les productions de ce produit, au rendement le plus faible existant, ne donnent lieu à aucun paiement de rente, mais seulement à paiement de profits et de salaires, à taux identiques aux autres profits et salaires. Ces productions produites au plus mauvais rendement sont vendues selon leurs coûts.

Les productions produites à de moins mauvais rendements sont vendues à ce prix de revient (en profits et en salaires) le plus élevé. Il y a en effet égalité du prix de vente d'un même produit quel que soit son producteur.

● ÉGALISATION DES PRIX DE REVIENT PAR DES RENTES.

Alors ce sont des propriétaires qui perçoivent chacune des différences entre le prix de vente aux coûts les plus élevés, et chacun des prix de revient aux coûts moins élevés que ces coûts les plus élevés.

Ce sont des rentes qui nivellent les divers prix de revient en profits et salaires, au niveau du prix de vente défini par les conditions naturelles de production les plus mauvaises entraînant les coûts en profits et salaires les plus élevés.

***

On peut en résumé définir la rente ou plutôt les rentes, comme l'égalisation, au bénéfice de quelques personnes inactives impliquées dans aucune production, de rendements provisoirement inégaux du fait à la fois d'une demande incompressible et d'une nature encore mal maîtrisée.

■ LA RENTE EST CAUSE D'UNE SITUATION NOCIVE

La critique de la rente par Ricardo ressort des conséquences que son apparition entraîne. La rente est jugée et condamnée à cause de ses effets.

● LA RENTE PRÉLÈVE BEAUCOUP PLUS SUR LES PROFITS QUE SUR LES SALAIRES.

Dans le raisonnement de Ricardo sur la rente, intervient l'influence qu'elle exerce sur les coûts-revenus, profits et salaires.

La rente fait diminuer le taux de salaire. Mais cette diminution ne peut être que faible. Car le montant unitaire du salaire moyen est plus faible que celui du profit.

C'est donc le montant du profit que la rente fait nettement diminuer.

● LA RENTE EST INFLATIONNISTE.

Le profit diminue en montant, mais aussi en taux. Il diminue même davantage en taux qu'en montant; car la valeur nominale du capital doit s'accroître par l'effet inflationniste de la rente.

Le prélèvement physique qu'opère la rente s'effectue en effet dans un contexte de hausse générale des prix. Le prix de vente nominal augmente dans l'absolu; il suit les coûts plus élevés qui apparaissent avec l'inégalité des coûts.

Les salaires suivent en hausse nominale, un peu inférieure à la hausse des prix. Mais les profits peuvent baisser même nominalement.

● L'ARRÊT PRÉMATURÉ DE LA CROISSANCE.

Pour Ricardo cette forte baisse du taux de profit provoquée par la rente est tout à fait inquiétante.

Elle va freiner l'augmentation du capital. De nouvelles entreprises seront de moins en moins créées.

Et la subdivision des tâches notamment ne sera plus poursuivie; elle sera arrêtée avant d'avoir pu atteindre son apogée.

Car par l'existence de la rente le taux de profit aura diminué beaucoup trop tôt; il diminue avant le moment défini par Smith, moment où se serait achevée l'accumulation, telle qu'elle aurait dû avoir lieu en l'absence de rente.

● Le risque d'un processus irréversible.

Cet arrêt trop précoce de la croissance, peut même empêcher que soient réalisées et mises en application les découvertes scientifiques et techniques qui auraient été susceptibles de détruire cette rente. Au lieu d'être provisoire, la rente ne va-t-elle pas s'installer, et pire encore se développer?

Ainsi l'apparition de la rente peut engendrer un processus malsain, dont on risque de ne plus pouvoir se dégager s'il s'enclenche.

Telle est la signification de l'exemple chiffré des « quarters de blé ». C'est l'illustration d'un raisonnement par l'absurde. A supposer que la rente s'installe, voici jusqu'où elle pourrait mener : inflation de plus en plus accélérée, taux de croissance affaibli peu à peu et enfin annulé.

La masse des rentes augmenterait plus que proportionnellement à la croissance réelle. Car le montant unitaire perçu par chaque propriétaire titulaire d'une rente augmenterait; et le nombre de propriétaires qui en perçoivent une augmenterait aussi.

La masse des rentes envahirait ainsi la répartition par types de revenu, en empiétant essentiellement sur les profits.

● La non-existence de ce que la rente rémunère.

Par ce raisonnement a contrario, Ricardo défend l'existence des profits. Il conteste au fond la diminution de leur taux.

C'est la rente qui diminue le taux des profits.

Or l'existence de la rente n'a aucune justification pour Ricardo. Elle ne rémunère aucune prestation : elle n'est le coût d'aucune contribution à la production.

La terre ou les mines, comme toute ressource naturelle n'ont besoin par définition d'aucun coût de production en salaires ou en profits.

Si des coûts en profits et en salaires sont appliqués à une ressource naturelle, il en découle un produit dont le prix consiste en ses « coûts profits inclus ». Le prix d'aucun produit ne peut consister qu'en rente. La rente n'existe que par l'inégalité des coûts en salaires et en profits pour un même produit; et cette inégalité doit être appelée à disparaître.

Tout produit ne contient normalement aucune rente, il ne comporte que profits et salaires.

La rente est anormale. Elle doit être détruite. C'est un des principes de la croissance en économie politique.

chapitre 3 *UNE LECTURE DE MARX 1867*[1] *: LA NON-RÉMUNÉRATION DU NON-TRAVAIL*

1. « Le capital. Livre premier, développement de la production capitaliste. » Texte en français chez Garnier-Flammarion (1969), et aux Éditions sociales.

Le livre 1 du Capital *suit de quarante-six ans, les* Principes *de Ricardo. Marx y attaque l'économie politique en dénonçant un processus cumulatif sans limite, celui que le principe de rémunération du capital va entraîner inexorablement.*

Ricardo avait dénoncé la rémunération de la terre car : 1) elle entrave l'accumulation du capital et la subdivision des tâches dont Adam Smith avait analysé les effets bénéfiques, et 2) elle ne rémunère aucune prestation spécifique.

Marx analyse la rémunération du capital sous deux autres aspects conjoints : 1) elle ne rémunère aucune prestation spécifique, et 2) elle engendre une accumulation sans fin, qui franchit la limite définie par Adam Smith. Alors les effets de la subdivision des tâches deviennent maléfiques.

Marx considère que la rémunération du capital est un prélèvement sur le produit du travail. Et les mécanismes de ce prélèvement sont tels qu'il ne peut pas ne pas jouer toujours davantage jusqu'à un excès qui engendrera une situation révolutionnaire.

Une rémunération du non-travail ne devrait donc pas exister?

■ L'EXISTENCE D'UN DÉTOURNEMENT DE TRAVAIL

Tout revenu qui ne rémunère pas du travail est un détournement de travail. Tel est le premier point essentiel de l'analyse économique de Marx.

● Le travail, unique base de valeur des produits.

La quantité de travail, mesurée par sa durée, est le seul élément commun à tous les produits. En analyse de la valeur par un tableau entrées-sorties généralisé, nous dirions que le vecteur-ligne « travail », constitutif des valeurs incluses dans tous les autres produits, est la seule « base de valeur » considérée par Marx.

Tous les produits ne sont que des compositions dont l'élément constitutif, plus ou moins répété dans chaque produit, est du travail. Le capital constant est du travail cristallisé, incorporé dans les biens de production.

● Les revenus sans travail consomment sans produire.

Tous les types de revenus autres que le salaire ne sont eux aussi que des compositions de travail.

Marx les distingue du capital constant. Car la sortie (ou output) de chacun d'eux, n'est pas égale à la somme de ses entrées (ou inputs). Chaque type de revenu permet de consommer des produits; ce sont ses inputs. Mais il ne produit rien; c'est l'absence de son output.

Ici est niée l'existence de la prestation fournie par le type de revenu, en contrepartie du montant nominal reçu en revenu. Alors ces types de revenus qui consomment sans produire, consomment ce qui est produit et non-consommé par d'autres.

● La force de travail produit plus qu'elle ne consomme.

Un seul type de marchandise est susceptible, à l'inverse, de produire sans consommer, c'est-à-dire de produire plus qu'elle ne consomme. La marchandise qui possède seule cette propriété particulière est la force de travail.

Ainsi le détournement de travail est bien discerné. Une partie de ce qui devrait aller au travail est dirigée vers une autre destination : celle des revenus sans travail.

Ce détournement est continu et non pas accidentel. Il a lieu quelle que soit la durée de renouvellement de chacun des produits de l'ensemble du circuit économique national.

On pourrait exprimer cette sorte de taux de détournement par notamment la part des revenus détournés, dans tous les revenus détournés ou non. Ce serait le rapport de « la plus-value », au total du « capital variable » et de la « plus-value ».

Ce que Marx intitule le taux de plus-value exprime le rapport des revenus détournés aux revenus non-détournés (plus-value/capital variable).

● Le détournement de travail est dissimulé par les paiements en monnaie.

Le prélèvement sur le produit du travail constitue la plus-value. Elle n'est pas ressentie comme un prélèvement réel, car elle n'est pas pratiquée ouvertement en quantités physiques.

Le paiement de salaires correspond aux dépenses des ouvriers pour leur consommation. On leur fait croire que c'est la rétribution de leur apport dans la production. En réalité le salaire qu'on leur paye est ce qui reste après qu'on a défini ce que doit être la rémunération du capital. La plus-value s'analyse pour Marx comme un salaire impayé.

■ L'ÉVOLUTION DU DÉTOURNEMENT DE TRAVAIL

Rappelons que dans le système ricardien seuls deux grands types de rémunération subsistent normalement : celui du travail (salaires), et celui du capital (profits). Et depuis Smith les profits sont définis comme un taux, appliqué à une assiette qui est le capital.

● Le système capitaliste de production.

Le problème d'analyse économique posé par Marx est celui de l'évolution d'un tel système, qu'il intitule mode de production capitaliste.

Ce système lui apparaît explosif. Car il contient au départ un principe d'accroissement sans limite. Et l'accroissement sans limite dont il s'agit est celui du détournement de travail.

Le détournement de travail est fondé sur une assiette qui est le capital.

Le capital comme chez Smith et Ricardo a un double aspect; son aspect réel correspond à un stock de biens de production, durables ou non-durables. Son aspect financier correspond aux fonds qui ont été apportés pour la constitution (par dépenses sans recettes) de ce stock. A noter que le simple renouvellement de ce stock n'intervient pas dans l'analyse de l'évolution; il est assuré par des dépenses égales aux recettes; les dépenses font partie du prix de vente, de même que les divers types de revenus versés qui sont au total consommés.

● L'évolution spontanée du système capitaliste de production.

La clé de l'évolution du système capitaliste de production est le fait que les individus qui perçoivent les profits sont les mêmes que ceux qui peuvent décider de l'accroissement du capital. Ici réside un processus pervers. Le capital sera accru tant que ces décideurs y auront intérêt; et ils y auront toujours intérêt.

L'accumulation du capital se fera sans limite. Elle fonde « la reproduction élargie ». Le capital constant s'accroît plus que le capital variable. C'est la « composition organique du capital » qui s'accroît.

● La productivité n'est qu'une plus-value relative.

Alors qu'implique pour les revenus, cette accumulation illimitée du capital?

Si les effets bénéfiques de la subdivision des tâches s'exercent avec l'augmentation des stocks, le surplus dû à la multiplication des produits est attribué au propriétaire du capital, et non au travail. La plus-value augmente, et le niveau de vie des salariés n'augmente pas. Les salariés ne participent pas aux fruits de l'expansion; les capitalistes seuls en bénéficient. A noter que pour Marx si les bénéfices de la subdivision des tâches sont partagés entre salariés et capitalistes, c'est une extension relative de la plus-value. Car pour Marx le travail étant seul productif, tout partage de productivité est un détournement accru de travail; la totalité de l'accroissement de la puissance productive du travail devrait revenir au travail (cet accroissement étant net de l'augmentation nécessaire des stocks).

● L'extension de la plus-value, sans surplus de croissance.

Si l'état ultime de division du travail défini par Smith est atteint (à connaissances scientifiques et à instructions données), les effets bénéfiques de l'accumulation du capital disparaissent.

Pourtant dans la logique capitaliste, l'accumulation se poursuit. Alors d'où peut provenir le surplus de niveau de vie auquel les revenus capitalistes donnent droit du fait de l'assiette accrue du capital?

Ils proviennent d'un détournement accru de travail. C'est une extension absolue de la plus-value. Le niveau de vie des salariés diminue. C'est sa diminution qui alimente l'augmentation du niveau de vie des capitalistes.

Marx prévoit la poursuite d'une telle évolution que la logique capitaliste ne peut pas arrêter; elle posera un jour ou l'autre des problèmes sociaux et politiques insurmontables.

chapitre 4

UNE LECTURE DE KEYNES 1936[1] *:* *LA NON-RÉMUNÉRATION DE LA MONNAIE*

1. *Théorie générale de l'emploi, de l'intérêt et de la monnaie.* Édition en français chez Payot, collection Petite bibliothèque.

Du seul point de vue théorique, il ne semble pas qu'un démenti sérieux et définitif ait été apporté à cet aspect de l'analyse économique de Marx concernant le risque d'accumulation sans limite au détriment de la rémunération du travail qu'engendrerait le principe de rémunération du capital.
Depuis la fin du XIXe siècle, le courant théorique dominant est celui de la valeur-utilité ou de la valeur-rareté (Walras [1]). Comme si l'on désirait fuir toute référence à la valeur-travail, dont on proclame même ensuite qu'elle est « morte et enterrée » (Schumpeter [2]). Mais ce constat de décès est-il une mise à mort?
Avant de reprendre ces points dans une récapitulation théorique, notons seulement que l'économie politique a perdu depuis Marx, le souffle épique de ses fondateurs. Et si Schumpeter le retrouve pour évoquer les performances passées du capitalisme, c'est pour conclure à l'avènement inéluctable du socialisme...
Près de 70 ans après Marx, Keynes ose citer la valeur-travail. Mais il ne fonde pas son analyse sur une distinction en types de revenus, comme l'avaient fait Smith et Ricardo.
En 1936, Keynes s'interroge sur le fonctionnement économique des communautés nationales de son époque. Il constate l'inadéquation des théories enseignées, à la réalité qu'il observe. Sur un point, celui de l'emploi, il s'oppose explicitement à la théorie en vigueur : l'équilibre de l'offre et de la demande sur le marché du travail. Sa contestation l'entraîne au-delà; il remonte aux causes et s'interroge successivement sur l'intérêt, puis sur la monnaie.
Son apport théorique n'est pas une réponse claire et définitive. C'est une démarche, une suite de réflexions. Leur aboutissement n'est pas véritablement explicité. Aussi la marge d'interprétation est-elle large.
Il nous semble que le keynésianisme actuel soit une sorte de récupération néoclassique de Keynes. Car le keynésianisme oublie précisément ce qui nous paraît être l'apport essentiel de Keynes : sa contestation de la rémunération de la monnaie.
En observateur lucide des politiques économiques pratiquées, en théoricien expert en démonstrations brillantes, en praticien connaisseur des subtilités financières, en économiste qui sait distinguer l'intérêt général des intérêts particuliers, Keynes en 1936 découvre des vérités méconnues et propose la thérapeutique associée à son propre diagnostic.

1. Léon Walras, *Abrégé des éléments d'économie politique pure,* leçons prononcées à Lausanne en 1890-1892. Édité chez LGDJ, Pichon et Durand-Auzias.
2. Schumpeter, *Capitalisme, socialisme et démocratie.*

■ DES VÉRITÉS MÉCONNUES A PROPOS DE L'ÉPARGNE

Les vérités méconnues par les Néo-classiques concernent la nature des encours financiers.

● La spécificité de la monnaie par rapport aux produits.

La monnaie n'est pas un produit comme les autres. Ce ne sont pas des entreprises qui la produisent; mais des institutions financières soumises à une banque centrale. Ses quantités produites ne dépendent pas de son prix. Et d'ailleurs aurait-elle un prix?

Ces questions que Keynes se pose sont loin d'être conformes à l'analyse néo-classique. On sait que pour elle, la monnaie est un bien; et son prix est lié à la loi de l'offre et de la demande de ses quantités. Cette théorie fonde ce que l'on intitule la politique monétaire classique.

Ce sont les effets nocifs de cette politique pratiquée qui font s'interroger Keynes. N'appartiendrait-elle pas « à cette catégorie de remèdes qui tuent le malade »?

Car elle méconnaît une partie de la réalité économique, à savoir la véritable nature actuelle de la monnaie, une monnaie dématérialisée, une monnaie-crédit.

● La spécificité de la monnaie par rapport au capital.

Keynes incorpore d'emblée la nouveauté du phénomène monnaie-crédit dans son raisonnement. Il confronte ce phénomène nouveau à un autre phénomène instauré dès le XIXe siècle : la bourse des valeurs mobilières.

Dès lors l'individu qui désire conserver un « droit à consommation future » a un choix possible. Il peut détenir ce droit sous forme de « droit immédiat » ou liquide; c'est la « monnaie » au sens Keynes. Il peut aussi détenir ce droit sous forme de « droit différé » dont la conversion ultérieure en droits liquides dépendra des conditions futures du marché c'est-à-dire des cotations en bourse. C'est le « capital » au sens Keynes.

● L'épargne est liquide ou non-liquide.

Ainsi l'épargne, revenu non-consommé, peut être liquide ou non-liquide.

Le clivage entre liquidités et non-liquidités est fondamental pour Keynes. Il définit la « monnaie » d'une part, et le « capital » d'autre part, ou encore en expressions synonymes, les droits financiers monétaires et quasi-monétaires d'une part, et les valeurs mobilières d'autre part.

L'épargne non-liquide s'identifie à une augmentation des biens de production. Keynes intitule investissement, l'accroissement des capitaux fixes et circulants. Il identifie l'épargne non-liquide à l'investissement.

L'épargne liquide ne s'identifie pas à un investissement. Elle ne s'avérera avoir correspondu à un investissement que si toute une série de circonstances favorables se seront présentées. Et comme on va le voir, le diagnostic de Keynes va révéler toute une série de raisons qui rendent très improbables la réalisation de ces circonstances favorables.

L'ÉPARGNE NON-LIQUIDE EST UNE DÉPENSE.

L'épargne non-liquide correspond à des achats de biens de production. Il n'en est pas de même pour l'épargne liquide. L'une maintient l'emploi; l'autre le diminue.

L'épargne non-liquide consiste en revenus non-consommés certes, mais dépensés en souscriptions de valeurs mobilières, c'est-à-dire en créations ou extensions d'entreprises. Pour l'ensemble des ménages, consommer son revenu, ou l'épargner sous forme non-liquide, revient au même pour l'ensemble des entreprises. De toute façon il y a dépenses auprès d'une entreprise, que ce soit en biens de consommation qu'elle produit ou en valeurs mobilières qu'elle émet pour étendre son activité et acheter des biens de production.

Ce que Keynes intitule la demande globale effective est maintenu. L'emploi se maintient.

L'ÉPARGNE LIQUIDE EST UNE NON-DÉPENSE.

L'épargne liquide consiste au contraire en revenus non-dépensés; ils ne sont dépensés ni en achats de consommation ni en achats de valeurs mobilières. Ces revenus non-dépensés constituent un supplément de l'encaisse liquide des ménages, par rapport à leurs dépenses. Ce rapport encaisse/dépenses qui augmente, est la traduction de l'allongement de la durée de séjour de leurs liquidités en encaisse.

A montant de liquidités inchangé, le montant des transactions entre ménages et entreprises diminue. A niveau général des prix inchangés, la demande globale effective diminue. L'emploi diminue.

UN DIAGNOSTIC EN TERMES DE FLUX GLOBAUX

Ce qui est vrai au niveau individuel n'est pas toujours vrai au niveau national. C'est une des principales difficultés en économie politique.

Seule une analyse des flux globaux permet de mettre en évidence les vérités spécifiques du niveau national.

L'ERREUR DE VISION DES NÉO-CLASSIQUES.

Les Néo-classiques transposent au niveau national des raisonnements vrais au niveau individuel.

En ce qui concerne l'épargne liquide, cette transposition n'est pas valable.

Pour un individu, conserver son revenu sous forme d'épargne liquide l'enrichit. Pour une nation, c'est-à-dire pour l'ensemble des individus, conserver son revenu sous forme d'épargne liquide au contraire l'appauvrit.

Keynes prétend que pour sauver le malade, il faudrait pratiquer la politique inverse de celle que les Néo-classiques préconisent.

L'apparition d'un chômage involontaire est la traduction d'une demande globale effective qui devient insuffisante au niveau national. Pour retrouver le plein emploi il s'agit de lever les entraves qui empêchent la demande globale virtuelle du niveau antérieur de plein emploi, de venir se présenter effectivement aux entreprises.

● La préférence pour la liquidité.

Si la demande globale effective diminue, c'est parce que l'ensemble des ménages préfèrent la liquidité.

Les ménages accroissent leurs encaisses liquides par rapport à leurs transactions; c'est-à-dire qu'ils allongent la durée de séjour en leur encaisse. Sur ce point Keynes n'apporte pas de véritables explications à la préférence pour la liquidité; du moins l'observe-t-il avec justesse. Et il intègre cette constatation à son raisonnement.

Un taux d'intérêt élevé ne découragerait pas la préférence pour la liquidité; il peut même l'encourager. Si la détention de liquidités est récompensée par un taux d'intérêt comme l'est la détention d'actifs financiers négociables mais non-liquides, ce n'est pas l'achat de valeurs mobilières qui va devenir attrayant. Pourquoi les ménages abandonneraient-ils la certitude du montant nominal de leurs avoirs liquides, pour l'incertitude liée aux cotations en bourse, du montant nominal de leurs avoirs en valeurs mobilières négociables?

● La création de monnaie et de crédit n'aura pas lieu.

Pour éviter cette diminution il faudrait qu'une création monétaire alimente la durée de séjour des liquidités que les ménages souhaitent allonger, et allongent effectivement.

Or tout le drame est là. Cette création monétaire n'aura pas lieu. En système de monnaie-crédit, pour créer de la monnaie, il faut créer du crédit.

Seules les institutions financières réalisent cette création simultanée. A l'actif de leur bilan figure l'accroissement des crédits; il contrebalance l'accroissement des dépôts qui figure au passif de leur bilan. La monnaie n'est pas un produit que des entreprises peuvent fabriquer.

La création monétaire n'aura pas lieu. Car la création de crédit n'aura pas lieu.

L'état de la demande effective, c'est-à-dire des commandes enregistrées effectivement par les entreprises, ne les incite à aucune demande de nouveaux crédits.

● Une demande d'investissement ne se substitue pas à la demande de consommation défaillante.

Au moment où les ménages préfèrent la liquidité, ils ne dépensent pas tous les revenus que les entreprises leur versent. Les perspectives de débouchés par la demande de consommation ne sont pas encourageantes.

Peut-on espérer à ce moment que la demande d'investissement prenne le relais de la demande de consommation qui se dérobe? Certainement pas.

Ce n'est pas au moment où les débouchés vers les ménages se restreignent, que les débouchés vers les entreprises vont s'étendre.

● L'investissement n'aura pas lieu.

La demande d'investissement en création ou extension d'entreprises ne provient pas d'une initiative des ménages qui épargnent. Les ménages qui ne consomment pas leur revenu, préfèrent en ce moment la liquidité. Leur épargne n'est pas non-liquide; elle ne s'identifie pas à un investissement.

Une demande d'investissement provient-elle des entreprises? Au moment où leurs débouchés vers les ménages s'amenuisent, pourquoi les entreprises décideraient-elles d'étendre leur activité? Pour produire des invendus?

Le sous-emploi résulte ainsi d'une conjonction de projets avortés, d'intentions irréalisables, d'occasions manquées.

■ UNE THÉRAPEUTIQUE EN TERMES DE TAUX D'INTÉRÊT

Keynes préconise des remèdes au sous-emploi dans une société au voisinage de l'abondance matérielle. Sa thérapeutique découle de son diagnostic. Elle se fonde essentiellement sur une analyse de taux d'intérêt. Étant donné le taux d'intérêt que les ménages exigent aujourd'hui pour leur épargne non-liquide d'une part et celui que les entreprises déduisent aujourd'hui de leurs projets d'investissement d'autre part, l'investissement qui assurerait le plein emploi n'aura pas lieu tant que le premier dépassera le second.

● Le taux d'efficacité du capital actualise les recettes futures attendues.

Ce que Keynes intitule le taux d'efficacité marginale du capital est le taux qui (en formule d'intérêt composé jusqu'à un terme donné) rend égal le coût de l'investissement aujourd'hui, à la somme des recettes attendues sur la durée de son exploitation.

Ce taux actualise des recettes futures. Il dépend notamment de l'horizon de temps sur lequel l'entreprise attend ses recettes. Si l'horizon d'exercice d'activité envisagé pour l'entreprise se raccourcit, il s'ensuit que le taux d'actualisation des recettes futures s'amenuise.

On retrouve ici l'opposition que Keynes dénonce entre l'esprit de spéculation qui espère un rendement à court terme, et l'esprit d'entreprise qui établit des prévisions à long terme.

Le raccourcissement de l'horizon prévisionnel des entreprises fait s'effondrer leur taux de rendement financier attendu.

● Le taux d'intérêt sur le capital récompense l'abandon de la liquidité.

Pour Keynes le clivage entre « monnaie » et « capital » devrait précisément être soit l'absence, soit l'existence, d'une rémunération.

En transformant ses liquidités en valeurs mobilières, l'épargnant prend un risque, celui de ne pas récupérer sa mise. Ce risque du prêt, c'est-à-dire de l'abandon de la liquidité, peut justifier pour Keynes la perception a posteriori, s'il y a lieu, d'un intérêt.

Mais l'instauration de bourses des valeurs mobilières a modifié jusqu'à dénaturer cette prise de risque. Les cotations dépendent des opinions des autres; et le placement est décidé en fonction de ce que l'on estime que les autres estimeront... Ce jeu se rapproche des jeux de casino. Et pourtant le niveau de l'emploi en dépend; c'est un des paradoxes, pour ne pas dire aberrations, des sociétés riches.

● Le taux d'intérêt sur la monnaie fait concurrence au taux d'intérêt sur le capital.

Le taux d'intérêt sur la monnaie fait préférer aux ménages la liquidité au capital.

Les ménages préfèrent les liquidités aux souscriptions de valeurs mobilières. Et leur épargne non-liquide n'est pas un investissement.

« Le capital est rare parce que le taux d'intérêt attaché à la monnaie permet à celle-ci de lui faire concurrence. »

Le nœud de cette situation absurde, c'est la volonté, érigée en postulat intouchable sous peine d'être iconoclaste, d'étendre à la monnaie la rémunération du capital.

● Le taux escompté d'efficacité du capital atteint-il le taux d'intérêt récompensant l'abandon de la liquidité?

Le taux d'intérêt sur le capital récompense l'abandon de la liquidité. Ce taux n'est attractif que s'il est plus élevé que celui sur la monnaie.

Et s'il est si élevé, quelles entreprises peuvent envisager de le verser, compte tenu du taux de rendement attendu de leurs projets d'investissement?

Les Néo-classiques conseillent une politique restrictive au moment le moins opportun, parce qu'ils pensent, à tort, que la demande de monnaie est trop élevée. En réalité c'est la demande de crédits qui est trop faible. Le renchérissement du taux d'intérêt sur la monnaie et le crédit ne fait qu'accuser le phénomène de dissuasion à l'investissement.

● L'arrêt prématuré de la croissance.

En l'absence d'une politique délibérée de taux d'intérêt bas, le capital ne s'accroît plus spontanément; et même il décroît avant que l'abondance matérielle puisse atteindre son sommet.

Le financement de l'augmentation ou du maintien des biens de production que l'abondance matérielle exigerait, n'est pas assuré. Il se dérobe à l'approche du sommet.

Plus une communauté est riche, plus il lui est difficile de concilier l'emploi de ses membres les plus pauvres, avec les préférences de ses membres les plus riches. C'est « le paradoxe de la pauvreté dans une société riche ».

C'est le paradoxe du sous-emploi dans une société dont les membres les plus riches préfèrent la liquidité à l'investissement, et y sont incités par l'existence d'un taux d'intérêt sur les liquidités.

chapitre 5

DES ANALYSES COMPLEXES ET RÉALISTES

Les analyses des quatre auteurs étudiés ont chacune leur logique interne. Mais sont-elles superposables en un ensemble théorique cohérent? Nous allons tenter une première récapitulation en termes habituels de la science économique actuelle.

Elle confronte des points-clés de chaque auteur.

L'augmentation des richesses matérielles étant la préoccupation première d'Adam Smith, nous voyons d'abord en quoi le capital joue un rôle dans la croissance.

Puis nous nous demanderons comment cette croissance s'articule avec les principaux types de revenus.

Enfin, comment se confrontent ce que l'on intitule aujourd'hui les deux facteurs de production, capital et travail?

■ LE RÔLE DU CAPITAL RÉEL DANS LA CROISSANCE

L'augmentation du capital est nécessaire à la croissance des produits matériels disponibles pour les ménages. Et son augmentation doit même être plus que proportionnelle à la croissance.

Cette vérité de l'économie politique est transformée par Marx en une évolution catastrophique. L'augmentation du capital ne va-t-elle pas devenir le but de la croissance? Et la croissance ne va-t-elle plus se traduire qu'en augmentation du capital?

Keynes, tout au contraire, constate que l'augmentation du capital se réalise de plus en plus difficilement, ou même plus du tout.

● La croissance bénéfique.

Pour *Smith* la croissance (au sens d'augmentation des produits matériels par tête) ne peut être nuisible à personne. La compatibilité des intérêts particuliers et de l'intérêt général d'une nation est assurée.

Ébloui par la découverte du secret de l'abondance matérielle, Smith ne résout qu'un des problèmes qu'elle pose. L'existence d'une rémunération proportionnelle aux stocks de biens de production lui semble la solution adéquate pour que la contrainte de l'augmentation de ces stocks soit remplie. Cette augmentation devant être plus que proportionnelle à celle de la richesse matérielle des habitants de la nation, elle est encouragée en y intéressant (au sens strict du terme) les individus qui entreprennent la production matérielle.

● L'arrêt prématuré de la croissance par la rente.

Ricardo reprend ce schéma en le rectifiant. Pourquoi la rente? Ce type de revenu n'encourage pas la production matérielle. Les fermiers sont des entrepreneurs rémunérés par des profits. Les propriétaires fonciers sont inactifs, comme ces oisifs auxquels Smith n'attribuait aucun type de rémunération spécifique.

La rente entrave la croissance en prélevant sur les profits. Il faut toujours tenter de la détruire, sinon le sommet de l'abondance matérielle ne peut pas être atteint. Elle freine la marche; et elle l'arrêtera bien avant le sommet.

● La croissance maléfique.

Marx tout au contraire craint que ce sommet soit dépassé.

Le mécanisme de Smith d'encouragement à l'augmentation de capital, par une rémunération qui lui est proportionnelle, est trop efficace. La rente étant heureusement éliminable, pourquoi le moteur du profit s'arrêterait-il au sommet des richesses matérielles que Smith nous a fait entrevoir? Pourquoi ne dirigerait-il pas l'accumulation du capital dans l'intérêt de la seule classe d'individus qui y soient directement intéressés?

Alors l'augmentation des profits n'est gagnée sur la nature qu'au profit de la classe propriétaire du capital. Et pire encore, elle peut s'exercer en se gagnant, non pas sur la nature, mais sur les autres individus. Le terme de productivité peut, en servant de prétexte, recouvrir toutes ces déviances.

● L'arrêt prématuré de la croissance par le taux d'intérêt.

Keynes ne se lance apparemment pas dans ce débat. Sa perplexité résulte d'un constat.

Plus une société est riche, plus il lui est difficile de s'approcher du plein emploi. Plus elle s'en approche, plus elle en est repoussée. C'est le paradoxe de la pauvreté dans une société riche.

Pourquoi le sommet de l'abondance matérielle n'est-il pas accessible à la fois à une nation, et à la totalité de ses individus? La rémunération de la monnaie fait préférer la liquidité au capital. Le capital n'est plus augmenté, avant même que le sommet de l'abondance matérielle soit atteint.

■ LA CROISSANCE ET LES TYPES DE REVENUS : DE SMITH À RICARDO

L'économie politique a d'abord défini une triade pour les types de revenus : rente, profits, salaires.

En s'interrogeant sur leur rôle respectif dans la poursuite de l'abondance matérielle, des analyses vont contester successivement les deux premiers types, Ricardo la rente, puis Marx les profits.

● Économie marchande et abondance matérielle.

Adam Smith a fait une apologie des échanges. Leur extension est ce qu'il intitule l'économie marchande.

Au troc ou échanges bilatéraux, succèdent les échanges multilatéraux, avec une augmentation du nombre d'actes d'échanges par rapport au nombre de co-échangistes. La subdivision des tâches s'instaure, accompagnée de l'augmentation du nombre des stocks. Il en résulte une plus grande abondance matérielle par habitant.

Cette analyse reste valable, et on peut y souscrire aujourd'hui. Notons en effet que (par tête d'habitant dans une nation), la marche vers l'abondance matérielle s'accompagne de l'augmentation relative du capital réel; et l'augmentation de la production matérielle dépasse le prélèvement constitutif de l'augmentation relative du capital réel. La différence entre ces augmentations est l'apparition d'un véritable surplus matériel, gagné par tous et pris sur personne; on peut l'intituler gain sur la nature.

● Contestation de la rente.

Cependant A. Smith a donné une analyse des types de revenus, valable peut-être de son temps mais insuffisamment dégagée de la physiocratie. Sa définition de la rente apparaît contestable.

Et Ricardo l'a contestée, avec justesse. Les ressources naturelles n'ont pas à être rémunérées, par définition. Si une rareté relative apparaît pour certaines d'entre elles, elle inégalise le prix de revient d'un produit à demande incompressible, en augmentant les coûts en quantités de facteurs chez certains producteurs. Cette situation est préjudiciable à la croissance. Car l'égalisation nécessaire du prix de vente se réalise par l'augmentation nominale du prix des produits aux coûts moindres. L'inflation réalise un détournement des profits des fabricants, vers des rentes de propriétaires.

● L'ASSIETTE DES PROFITS EST-ELLE NEUTRE DANS LA RÉPARTITION DES REVENUS?

En ce qui concerne les profits, il nous semble qu'Adam Smith n'a pas su, ou n'a pas eu le temps, de mesurer les conséquences de sa définition. En identifiant l'assiette des profits au montant du stock réel impliqué par la production, il a méconnu la poursuite sans fin du mécanisme cumulatif qu'il avait enclenché. Sa vision d'une rente permanente, même si sa proportion dans l'ensemble des revenus diminue, l'a sans doute conduit à cette méconnaissance.

Ricardo a eu le grand mérite d'entrevoir le caractère illimité de ce mécanisme cumulatif. Sa propre contestation de la rente l'y a peut-être amené.

● LES PROFITS PEUVENT AUGMENTER SANS AUGMENTATION DES SALAIRES.

Ricardo analyse l'accumulation du capital (en tant que stock réel à renouveler) comme l'augmentation de la part des biens durables de production (capital fixe), dans le total des biens de production durables ou non (capital fixe et circulant). L'exemple-type de cette évolution est l'introduction des machines.

Après de longues réflexions de 1817 à 1821, il revient explicitement, en chapitre 31, sur son opinion première. Il conclut très clairement à une possibilité d'évolution de la répartition des revenus qui soit défavorable aux salaires. Il n'est plus question ici du rôle de la rente. Il s'agit des conséquences de la croissance sur les deux seuls types de revenus, profits et salaires, la rente étant restreinte par élimination après chacune de ses apparitions intempestives et provisoires.

Pour Ricardo une augmentation des profits est compatible avec un maintien ou une diminution des salaires.

■ LA CROISSANCE ET LES TYPES DE REVENUS : DE RICARDO A MARX

● L'INTRODUCTION DES MACHINES AUGMENTE LES PROFITS.

Ricardo reconnaît que les profits, et rentes s'il y a lieu (ce qu'il intitule le produit net) peuvent s'accroître, sans qu'augmente le total national des revenus (ce qu'il intitule produit brut). En clair, les salaires réels peuvent diminuer, en même temps qu'augmentent les profits réels. Et cette évolution défavorable à la classe ouvrière est liée à l'introduction des machines.

Il suffit, pour que l'adoption d'une machine soit décidée, qu'il en résulte une augmentation des profits, même s'il en résulte en même temps une diminution des salaires (chapitre 31).

● LA DIMINUTION DE LA DEMANDE DE TRAVAIL DIMINUE LES SALAIRES.

L'analyse de Ricardo s'exprime en offre et demande de travail. Les machines peuvent supprimer plus d'emplois qu'elles n'en créent. La « demande de bras » diminuant, le taux moyen de salaire réel diminue dans l'absolu. « L'opinion des classes ouvrières sur les machines qu'elles croient fatales à leurs intérêts, ne repose pas sur l'erreur et les préjugés, mais sur les principes les plus fermes, les plus nets de l'Économie politique. »

Ricardo envisage ainsi qu'une évolution qu'il déplore, puisse avoir lieu, et malheureusement « arrive souvent ».

● L'usage abusif de la marchandise « force de travail ».

Marx, par une argumentation différente, va proclamer qu'une telle évolution, non pas *peut* avoir lieu, mais *ne peut pas ne pas* avoir lieu. De simplement possible pour Ricardo, elle devient inéluctable pour Marx.

L'argumentation de Marx diffère de celle de Ricardo car il analyse déjà les profits, en dehors de toute évolution, comme un prélèvement injustifié sur les salaires. Ce prélèvement repose sur un usage abusif de la force de travail; elle est considérée, en mode de production capitaliste, comme une marchandise payée à son coût de remplacement. Mais pour Marx il se trouve qu'en système capitaliste cette marchandise a la propriété spéciale d'être utilisée au-delà de son coût ou salaire payé; elle peut travailler « en plus » pour un salaire impayé qui est la « plus-value ».

● Contestation des profits du capital.

Dès lors, ce système étant en place, pourquoi ce « plus » ne serait-il pas augmenté par le capitaliste qui en bénéficie?

La « plus-value » est extensible, nous précise Marx. De la « reproduction simple » (existence d'une plus-value), on dérape automatiquement en « reproduction élargie » (extension de la plus-value). Ce sont les revenus du capital qui envahissent la répartition, même sans croissance.

■ LA SUBSTITUTION DU CAPITAL AU TRAVAIL, D'APRÈS RICARDO

Au triptyque des revenus (rentes, salaires, profits) défini par Adam Smith, s'est substitué aujourd'hui un diptyque : revenus du capital et du travail. Comment se déroule leur confrontation? Ricardo et Keynes apportent des réponses apparemment différentes; mais une certaine convergence apparaît dans leurs analyses.

● L'accumulation du capital fixe comme substitution au travail.

En termes ricardiens l'analyse de l'augmentation relative des profits pourrait être conduite ainsi. Les profits sont un taux, appliqué à une « assiette ». L'évolution du taux de profit (en dehors de l'existence ou non de rentes) est inversement liée à celle du taux moyen des salaires. Mais indépendamment du taux des profits, la masse des profits dépend d'une assiette.

Pour accroître leur masse, on peut accroître leur assiette. On peut augmenter le capital, pour une production identique; on remplace des ouvriers par des machines.

L'intérêt de ceux qui touchent des profits devient évident. En augmentant le capital, par substitution de capital fixe au travail, les percepteurs de profits font même coup double.

Ils augmentent l'assiette de leur rémunération. Le capital fixe est accru par introduction de machines; il augmente davantage que la part du capital circulant, qui constitue pour Ricardo les biens de subsistance des ouvriers, cette part pouvant diminuer par suppression des emplois devenus mécanisés.

Ils augmentent par ailleurs le taux de leur rémunération. La suppression d'emplois diminuant la demande de travail, le taux moyen des salaires diminue, et celui des profits augmente.

● Substitution possible ou certaine?

Ce mécanisme de substitution est tellement efficace, son intérêt pour ceux qui peuvent le mettre en route est tellement évident, qu'on peut se demander en effet si de « possible », comme l'a explicité Ricardo, il n'est pas plutôt « certain » comme l'a peut-être entrevu Ricardo.

Mais il n'aurait pu le qualifier de « certain », à moins de remettre en cause sa définition même des profits. En effet, le processus cumulatif que contient en germe, cette définition, ne peut être exposé en toute rigueur scientifique, sans qu'on s'inquiète par ailleurs des perspectives qu'il implique. Reconnaître les effets nocifs de la définition de l'assiette des profits par le capital, c'est s'interroger en même temps sur la validité de cette définition d'un type de revenu.

● Substitution et chômage.

Chez Ricardo le mot chômage n'est certes pas exprimé dans son chapitre 31, « Des machines ». Mais le phénomène qu'il évoque est parfaitement compatible avec celui du chômage tel qu'on l'enregistre au XXe siècle.

La diminution de la demande de travail peut se traduire soit par une diminution du travail demandé à chaque travailleur, avec baisse de son salaire réel. Soit par suppression de l'emploi de certains travailleurs et maintien de celui des autres.

Dans ces deux cas, la masse des salaires réels est en baisse.

● Chômage et allocations-chômage.

Les allocations qui sont versées aux chômeurs sont prélevées en définitive sur d'autres sources de revenus quels que soient les intermédiaires dans ce transfert. Sont-elles prélevées sur les salaires de ceux qui sont employés, ou sur la rémunération du capital?

La baisse du taux moyen des salaires réels que Ricardo formule en son chapitre 31, nous donne la réponse suivant les principes de l'économie politique; c'est sur les salariés employés que sont prélevées les prestations de chômage.

Alors il apparaît peut-être que l'allocation-chômage est cause de chômage... Mais dirons-nous, seulement dans la mesure où elle empêche la dilution du chômage sur l'ensemble des salariés. Avec l'allocation-chômage, les non-chômeurs payent pour les chômeurs. Sans allocation-chômage, tous les salariés employés sont sous-employés et sous-payés.

Le chômage, sans allocation-chômage, concentre la baisse de la demande de travail sur quelques-uns. Il peut faire pression en même temps sur le taux des salaires des autres.

Le chômage avec allocation-chômage réalise la même concentration, mais répartit, sur tous les salariés, la diminution de la masse des salaires réels qui peut parfaitement être la même que dans le cas précédent.

■ LA SUBSTITUTION DU CAPITAL AU TRAVAIL, D'APRÈS KEYNES

Quelles sont les conséquences globales de l'insuffisance des revenus du travail? Il semble que Keynes ait prolongé l'analyse de Ricardo, en explicitant le concept de chômage.

● Les revenus non-consommés.

L'analyse par Keynes du chômage est certes formulée en tant que recherche sur les sources de financement et les raisons de leur insuffisance; nous y reviendrons plus loin.

Mais interrogeons-nous ici en termes de revenus, sur son diagnostic : plus une société est riche, plus il lui est difficile d'atteindre le plein emploi. Ce diagnostic s'appuie sur un constat de départ. Lorsque le revenu d'une nation augmente, la consommation augmente, mais dans une proportion moindre.

On peut déduire de cette phrase plusieurs significations.

En général on admet (faute de statistiques rigoureuses) que les bas revenus sont presque entièrement dépensés, et les très hauts revenus, non-consommés en grande partie. C'est en « coupe instantanée » par niveau individuel de revenus, la liaison entre revenu et consommation.

Comment cette coupe instantanée peut-elle être compatible avec le constat de Keynes, envisagé comme évolution de grandeurs globales (séries chronologiques)?

● Le machinisme accentue la hiérarchie des revenus.

Il semble que la compatibilité existe si la hiérarchie des revenus s'accentue, c'est-à-dire que l'inégalité s'accroisse. Les hauts revenus deviennent très hauts; par exemple parce que les revenus des gros patrimoines de rapport augmentent ces patrimoines et leurs revenus. Alors la masse globale des revenus non-consommés augmente. Car la part des revenus du capital, qui ne se consomment pas entièrement, augmente par rapport à celle des revenus du travail qui se consomment presque entièrement.

On peut se demander dans ces conditions si la constatation de départ de Keynes ne rejoint pas la conclusion ultime de Ricardo.

La situation des salariés empire, par rapport à celle des titulaires de rémunération du capital qui s'améliore. Le machinisme appauvrit les uns et enrichit les autres.

● La substitution du capital au travail restreint le marché.

La croissance des biens de consommation s'arrête avant terme. Car ceux qui possèdent les fonds et pourraient décider de sa poursuite n'y ont pas nécessairement intérêt... C'est la substitution du capital fixe du travail que le machinisme réalise, qui est conforme elle, à leur intérêt; or elle n'implique pas une croissance globale.

L'augmentation de capital fixe ne compense pas la suppression des emplois mécanisés. La substitution du capital au travail restreint la demande globale effective.

Et la mécanisation de la production peut elle-même s'arrêter par manque de débouchés accrus. Au lieu de s'étendre comme A. Smith l'énonçait, les marchés se restreignent. C'est l'équilibre de sous-emploi. C'est la sous-abondance matérielle.

● Le rôle prépondérant de la rémunération du capital.

Chez Ricardo chapitre 31 de l'édition de 1821, et chez Keynes, un phénomène essentiel est évoqué ou sous-jacent. C'est celui de la place respective du travail et du capital, tant sous l'aspect réel de leurs quantités en jeu, que sous l'aspect monétaire de leur rémunération.

Par l'introduction des machines, le capital empiète sur le travail, d'après Ricardo.

Par une rémunération trop élevée et trop large du capital, les dépenses de consommation et d'investissement sont insuffisantes et provoquent le sous-emploi du travail. C'est le diagnostic de Keynes, plus d'un siècle après.

* * *

La réalité de l'économie politique n'aurait-elle donc pas changé?

La théorie néo-classique repose en effet sur le postulat de la rémunération du capital. De J. B. Say à Walras ce principe est posé a priori. La théorie dominante actuelle le reprend encore comme un postulat intangible.

Certes on n'a pas voulu tenir compte de la critique de Marx formulée entretemps; car ses théories philosophiques, sociales et politiques présentent des aspects peu attrayants et même insupportables, dont nous n'avons pas à traiter ici. Mais le point précis d'analyse économique concernant le capital en tant qu'assiette d'une rémunération spécifique, semble bien comporter des effets pervers. Aucune analyse rigoureuse et lucide ne peut les ignorer. Il convient de ne pas les méconnaître dans l'analyse des réalités économiques actuelles.

chapitre 6 *UN COURANT THÉORIQUE SIMPLIFIÉ ET IRRÉALISTE*

Après l'analyse de quatre ouvrages-clé de l'économie politique, et une première récapitulation théorique, nous avons quelques éléments de réponse à la question la rémunération du capital est-elle un principe de l'économie politique?
Depuis qu'Adam Smith a posé il y a deux siècles la définition, le rôle et l'évolution des profits, il semble que deux courants théoriques co-existent en économie politique.
Dans la vision originale et nuancée, une rémunération est proportionnelle au capital et sa proportion évolue en décroissance.
Dans la vision simplifiée et absolue, c'est le capital qui est rémunéré.

■ LA VISION ORIGINAIRE ET COMPLEXE D'UNE RÉMUNÉRATION EN PROPORTION DÉCROISSANTE DU CAPITAL

● UNE DÉFINITION PERSONNALISÉE DES PROFITS.

Smith a défini l'existence d'une rémunération de personnes actives, proportionnelle aux capitaux engagés. L'énoncé de cette définition est long. Il contient des nuances qui ont une signification plus profonde que ne l'auraient quelques subtilités.

Le fait que des personnes qui emploient elles-mêmes les capitaux réels, soient rémunérées par des profits, contient à la fois un processus dynamique et un processus auto-régulateur.

● UN PROCESSUS DYNAMIQUE INITIAL.

Le processus dynamique est l'incitation à l'augmentation des capitaux réels. On a vu pourquoi Smith a inventé cet aiguillon de l'intéressement individuel à l'accumulation du capital réel. Sans surcroît relatif de biens de production l'instauration de la subdivision des tâches n'aurait pas lieu. Et la multiplication des produits de consommation et de production n'aurait pas lieu.

● UN PROCESSUS AUTO-RÉGULATEUR FINAL.

Le processus auto-régulateur réside dans le fait de l'emploi personnel des capitaux réels. Les occasions concrètes de se mettre aux affaires sont l'expression de création d'entreprises productrices de biens matériels. Le commerce n'est qu'un rouage qui permet d'élargir les débouchés de productions matérielles.

Dès lors on peut imaginer que les occasions d'affaires arrivent à saturation au comble des richesses matérielles dans la nation. Serait-ce le sens de cette concurrence entre capitaux lorsqu'un pays en est suffisamment pourvu?

Le montant des profits plafonne dans l'absolu en même temps que le taux de croissance s'annule.

● LE DYNAMISME EST-IL CONTREBALANCÉ PAR L'AUTO-RÉGULATION ?

Le principe auto-régulateur peut-il entraver le principe dynamique? En d'autres termes la baisse du taux de profit dont découle l'affaiblissement relatif des profits est-elle démontrée par Smith? Le fait qu'il ne soit plus nécessaire de créer des affaires entraîne-t-il la baisse du taux de la rémunération proportionnelle aux capitaux?

L'analyse de Smith paraît plus normative que démonstrative. Il souhaite que le taux diminue; il en a même la certitude personnelle. Mais la démonstration paraît aujourd'hui un peu courte.

Peut-être un des apports d'Adam Smith est-il ce caractère normatif de la baisse du taux de profit avec la saturation des affaires?

■ LA VISION SIMPLIFIÉE DE CAPITAUX A RÉMUNÉRER

La vision simplifiée supprime les nuances et devient absolue.

● Une simplification de la définition des profits.

La définition originale des profits donnée par Smith contenait des nuances qui ont été abandonnées par bien des adeptes de l'économie politique. J.-B. Say donne un exemple dans son « catéchisme d'économie politique » de cette simplification peut-être à but pédagogique.

Au lieu de traiter d'un type de rémunération de personne active, qui est proportionnel aux capitaux qu'elle emploie, ne serait-il pas plus simple de dire : la rémunération du capital? Malheureusement le résumé de l'expression aboutit à en modifier le contenu et la signification.

● Une définition impersonnelle des profits.

Ce ne sont plus des personnes qui sont rémunérées, mais des capitaux. Ce n'est plus le fait que des personnes soient actives non-salariées, qui constitue la contre-partie de la rémunération, c'est le fait que des personnes actives ou non, possèdent des capitaux.

Il ne s'agit plus d'être encouragé à l'instauration de la subdivision des tâches et à la multiplication des produits; il s'agit de percevoir une rémunération en tant que propriétaire de capitaux.

● Le concept de capitaux se substitue aux individus qui les emploient.

Le « maître-manufacturier », le « fabricant », le « fermier » que citent constamment Adam Smith et Ricardo, se transmuent en « propriétaire de capitaux » que définissent très clairement Say et Walras entre autres.

Les « richesses » de la nation qu'on cherche à multiplier pour tous, laissent la place aux « capitaux » dont on pose qu'ils doivent être rémunérés. Il n'y a pas lieu ici d'insister sur ce glissement de vocabulaire (Smith et Ricardo emploient le mot capitaliste, mais très rarement).

Il illustre seulement un glissement dans l'analyse économique; ce glissement a une portée considérable que ses promoteurs n'ont pas soupçonnée.

● Le principe absolu de la propriété rémunérée des terres et des capitaux.

Pour tout un courant de l'économie politique, les éléments nécessaires pour produire sont objet de propriété : richesses naturelles, biens de production durables ou non. Seul le travail reste la propriété du travailleur.

Le fait de cette propriété est rémunéré. A la propriété et à ses droits, s'adjoint le droit d'être rémunéré.

La rémunération de la propriété des terres et des capitaux est érigée en principe absolu, indépendant de tout exercice d'une activité personnelle. A des individus rémunérés sont substitués des droits absolus que des individus peuvent posséder mais qui ne s'identifient pas à des individus.

■ LA VISION SIMPLIFIÉE EST UN APPAUVRISSEMENT DE LA VISION COMPLEXE

● Le principe de rémunération du capital est une simplification commode mais dangereuse.

Ricardo avait contesté le principe de rémunération des terres. Son analyse de la rente que J.-B. Say ne semble pas avoir comprise, dénonçait que le principe d'une rémunération de la propriété des terres puisse aller de soi. Ce n'est pas la terre que la rente rémunère.

En étendant au capital le principe de rémunération des terres, J.-B. Say n'a pas entrevu les problèmes que ce principe allait soulever.

● Quel frein à l'accumulation du capital ?

Comment le processus dynamique incitant au surcroît de capital va-t-il s'arrêter? Pourquoi les capitaux cesseraient-ils de s'accumuler?

Les capitaux ayant été érigés en concept économique, quel mécanisme peut-il empêcher que leur rémunération s'amplifie? que les capitaux s'accroissent sans limite? Le courant théorique simplifié de l'économie politique a forgé des concepts qui posent des questions sans donner de réponses.

Poser comme principe la rémunération du capital, c'est jouer aux apprentis-sorciers. On pose un principe dont la maîtrise vous échappe.

● D'où provient la rémunération du capital ?

Smith et Ricardo ont analysé clairement la provenance des revenus non-salariaux. Le produit que fabrique l'ouvrier ne lui revient pas dans sa totalité. Son salaire correspond au montant de ce produit, après déductions pour la rente et le profit (Smith). La quantité de travail incorporée dans un produit peut acheter une quantité supérieure de travail (Ricardo). Car le travailleur ne reçoit pas tout le produit de son travail.

Ces constatations sont méconnues dans la vision de l'économie politique simplifiée. Elles n'avaient pourtant rien de choquant pour Smith.

● Comment évolue la répartition ?

Car la logique de son système était telle que ces prélèvements sur le travail devaient s'exercer dans une proportion de plus en plus faible, avec l'accumulation du capital. Les profits sont prélevés sur le travail, mais de moins en moins; les salaires augmentent, et dans une proportion supérieure aux profits.

Au contraire pour l'économie politique simplifiée il n'est pas démontré que la rémunération du capital par rapport à celle du travail doive diminuer suivant la logique du système.

■ A QUELLE VISION A CORRESPONDU LA RÉALITÉ ÉCOULÉE DEPUIS DEUX SIÈCLES?

Il semble que la vision simplifiée l'ait emporté sur la vision complexe, dans les théories dominantes. Mais la réalité économique beaucoup plus complexe heureusement ne lui correspondait pas...

● Le pivot des théories dominantes actuelles ne correspond pas aux faits observés.

Les arguments essentiels de deux courants doctrinaux actuels sont d'une logique interne très solide. Mais leurs postulats de départ ne semblent pas être en correspondance avec la pratique de la réalité économique observée.

Pourquoi l'analyse théorique de Marx en matière d'évolution du partage des revenus, ne se confirme-t-elle pas dans les nations au plus haut niveau de richesses?

Pourquoi l'analyse marginaliste fonde-t-elle son raisonnement sur une hypothèse de rendements décroissants que les entreprises qui se développent ne vérifient pas? tout chef d'entreprise digne de ce nom recherchant et obtenant au contraire des rendements croissants dits aussi de productivité...

● La critique de Marx concerne la vision simplifiée de l'économie politique.

Dans la vision simplifiée de l'économie politique, agrémentée de raisonnements marginalistes, on établit la répartition en masse de deux grands types de revenus : rémunérations du travail et du capital.

Très curieusement le vocabulaire des revenus se restreint à deux mots, dans les analyses théoriques marxistes et néo-classiques.

Cette dualité dans les parties prenantes, travail et capital, est une fausse symétrie. Et la critique de Marx sur ce point d'analyse serait fondée. Dans un partage qui serait posé en ces termes, les deux parties ne seraient pas à armes égales.

● Une fausse symétrie entre travail et capital.

La définition des deux rémunérations n'est pas homogène.

Le montant du salaire ou rémunération du travail est modulé par tête suivant un « taux » de salaire. C'est la hiérarchie des taux de salaires, dont on parle beaucoup mais dont la théorie n'est pas faite, ni chez Marx ni chez les Néo-classiques. L' « assiette » du montant de salaire est la même pour tous les salariés : la durée du travail, à calculer, non pas en heures, mais en années ou même en durée de vie active.

Au contraire la rémunération du capital dépend pour son montant, de deux éléments. Son montant dépend d'une part d'un « taux »; une certaine hiérarchie des taux n'est pas à exclure, elle est même explicitée dans ce que l'on intitule la structure des taux d'intérêt. Son montant dépend d'autre part d'une « assiette » : le montant du capital rémunéré par le taux.

Ainsi deux éléments modulent entre elles toutes les rémunérations du capital, tandis qu'un seul élément module entre elles toutes les rémunérations du travail.

La symétrie des deux parties n'existe pas. Travail et capital ne sont pas deux « facteurs », mais deux concepts définis de façon tout à fait différente et complètement arbitraire.

● Un postulat irréaliste.

De même que l'évolution par un envahissement de la rente vers un état stationnaire déplorable a été décrite par Ricardo comme une hypothèse à repousser, de même l'évolution par un envahissement de la rémunération du capital vers une situation intolérable, peut être considérée comme une hypothèse dont la réalisation doit être évitée.

Et d'ailleurs cette hypothèse ne s'est pas vérifiée... Alors en dehors de tout préjugé doctrinal on peut se demander si la non-vérification de l'empiétement de la rémunération du capital sur la rémunération du travail est due, non pas à la faiblesse du raisonnement théorique qui anticipe cet empiétement, mais à l'irréalité du postulat qui fonde la théorie.

***

Le principe de rémunération du capital n'engendre apparemment pas la suprématie globale que ce type de rémunération impliquerait, sans doute tout simplement parce qu'il n'est pas appliqué effectivement.

Certes on le proclame en une certaine doctrine simpliste. Mais la réalité repousse son application. Il est heureusement inapplicable dans toute son ampleur. Plus on tente de l'appliquer, plus des mécanismes apparaissent (non-théorisés) pour entraver son application.

Le contraste entre des théories à postulat irréaliste, et une réalité mal théorisée, n'est pas sain.

C'est de l'application du principe de rémunération du capital, application proclamée dans les théories et dans bien des discours, mais application entravée dans la pratique et dans bien des comportements, que surgissent les principaux problèmes économiques actuels.

Nous allons tenter de le montrer dans la seconde partie.

IIe partie

POURQUOI LA RÉMUNÉRATION DE LA MONNAIE ET DU CAPITAL AUJOURD'HUI?

Depuis la fondation de l'économie politique, un phénomène économique nouveau est apparu, et c'est peut-être le seul véritablement nouveau.

Émergence du phénomène de la monnaie-crédit.

La monnaie n'a plus aucun lien avec un bien quelconque; elle est totalement dématérialisée. C'est le règne de la monnaie-crédit.

L'émergence de ce phénomène ne s'achève qu'aujourd'hui. Les théories ne semblent pas l'avoir encore assimilé dans toute la plénitude de sa signification et de ses implications. Keynes sans doute en a déjà compris la portée, comme nous l'avons montré. Mais les incompréhensions, les contre-attaques dont l'œuvre de Keynes est l'objet, semblent prouver que le phénomène de la monnaie-crédit n'est pas saisi dans toute son ampleur.

La monnaie est-elle du capital?

La dématérialisation progressive puis achevée de la monnaie, a permis que s'élèvent certaines confusions, au moins momentanées.

Le capital financier, rendu négociable par l'existence de bourses de valeurs mobilières, a pu être confondu avec certaines des formes de quasi-monnaie. Par-delà les analogies juridiques ou institutionnelles, il convient de poser clairement la question en termes d'analyse économique : la monnaie est-elle du capital?

Déjà Adam Smith avait répondu à la question du temps de la monnaie métallique prédominante.

L'argent fait partie du capital, mais il s'en distingue. Son usage n'exige pas qu'il soit renouvelé ou reproduit.

La « grande roue de la circulation » que constituent les moyens de paiement, ne doit pas être confondue avec les biens qu'elle fait circuler.

Pour Ricardo, l'émission de papier-monnaie doit comporter un mécanisme qui puisse freiner ses excès. La conversion entre le papier-monnaie et l'or oblige les banques émettrices à une certaine modération qui est tout à fait souhaitable.

Plus d'un siècle après ces remarques bien-fondées, Keynes tente d'aborder l'essentiel du nouveau phénomène de la monnaie exclusivement crédit.

Son concept de « préférence pour la liquidité » semble bien lié à la nouveauté du phénomène.

La monnaie peut-elle être rémunérée comme le capital?

Du temps de Smith, de Ricardo et de Marx, la thésaurisation de pièces métalliques ou de billets de banque ne pouvait être que le fait « d'avares en délire ». Car le profit proportionnel aux capitaux engagés n'était perçu qu'à la condition d'avoir prêté l'argent, pièces ou billets, c'est-à-dire de ne les posséder plus...

Cette énorme évidence n'en est plus une aujourd'hui, avec l'avènement de la monnaie-

crédit. Certaines formes de liquidités sont rémunérées. On dit aux déposants en caisse d'épargne qu'ils prêtent leur argent; et pourtant ils le possèdent, ils en ont la disponibilité à vue.

Serait-ce un renversement des vérités antérieures? Il nous semble que Keynes a entrevu le nœud des contradictions entre théorie et pratique, entre principe et application que la vie économique actuelle renferme.

Si le keynésianisme ne met plus l'accent sur la définition de Keynes du taux d'intérêt récompensant l'abandon de la liquidité, c'est sans doute moins un oubli, que la conséquence d'une difficulté fondamentale. Est-il possible d'analyser le capital financier comme étant d'une nature intrinsèquement différente de celle de la monnaie-crédit?

La rémunération de l'un n'implique-t-elle pas en toute logique la rémunération de l'autre?

*

Dans notre recherche nous n'esquivons pas la question. Mais pour en traiter nous pensons qu'il est préférable d'analyser d'abord la nouveauté du phénomène de la monnaie-crédit. C'est ensuite seulement que nous pourrons confronter sa nature et celle du capital d'aujourd'hui.

Le phénomène de la monnaie-crédit s'inscrit dans la réalité économique de chaque nation existante. Il constitue ce que nous intitulons le système monétaire national. Paradoxalement il semble que les économistes théoriciens traitent beaucoup du système monétaire international dont une des caractéristiques est son inexistence en tant que système, et très peu des systèmes monétaires nationaux qui eux existent en tant que systèmes répondant à des principes maintenant bien établis dans les faits.

Aussi nous avons tenté de le formaliser par ailleurs en tableaux entrées-sorties et en schémas animés.

Nous en dégagerons ici les principaux aspects, sur un mode d'expression exclusivement verbal.

chapitre 7 *LA NATURE ACTUELLE DE LA MONNAIE*

Notre réponse à la question la monnaie est-elle du capital? est fondée sur l'analyse de la nature actuelle de la monnaie, et sur elle seule. Notre analyse va donc surprendre les lecteurs qui ont abordé dans les manuels actuels d'écomie les problèmes monétaires.
D'habitude on y traite en introduction, d'une part des trois fonctions traditionnelles de la monnaie : instrument de mesure, instrument des échanges, instrument de réserve. On y traite d'autre part des trois formes de la monnaie : métallique, fiduciaire, scripturale.
Puis on y aborde l'analyse monétaire en présupposant que les unités monétaires sont des quantités, et qu'elles ont un prix unitaire. Cette idée est longuement développée dans toute une série d'études et d'argumentation sur les courbes d'offre et de demande de monnaie. L'allure de ces courbes est définie abstraitement, sans vérification par l'observation, car la réalité n'est pas conforme à ces abstractions. L'intersection de ces courbes déterminerait le prix unitaire des quantités offertes et demandées. On intitule ce prix, le taux d'intérêt.

Plusieurs années d'enseignement et de réflexion nous ont conduit à la nécessité de préciser vraiment ce qu'est la monnaie d'aujourd'hui, en excluant bien ce qu'elle n'est plus, et ce qu'elle n'aura jamais été... Alors nous en sommes venu à partir d'une observation dénuée des présupposés habituels, à systématiser une définition de la monnaie sous plusieurs aspects cohérents entre eux. Certains aspects de notre définition vont paraître en contradiction avec ce qui est habituellement enseigné. Ils le sont en effet peut-être mais ce n'est pas eux qui sont incohérents... Au lieu d'envisager une fresque pseudo-historique de transition progressive des formes de monnaie qui laisserait subsister et coexister des analyses anciennement valables mais périmées, ou brillamment raisonnées mais fictives, nous avons choisi de ne considérer d'emblée, que l'existence des seuls types actuels de la monnaie, et de tous ses types actuels, dits de quasi-monnaie.
Des caractéristiques leur sont communes : la fongibilité, l'immatérialité. Elles imposent d'analyser les fondements de ce que l'on intitule la valeur de la monnaie.
Nous allons exposer notre définition de la nature de la monnaie sous quatre aspects répondant à quatre questions : en quoi, pourquoi, où, et comment?
— Quelle est la substance de la monnaie? La monnaie est du crédit.
— Pourquoi la monnaie? Les encaisses sont l'anti-disparité des cadences disparates de paiement.
— Quelles sont les modalités de détention de la monnaie? Tous les droits financiers qui sont fongibles entre eux.
— Comment fonctionne la monnaie? Les institutions financières assurent sa fongibilité, même si elles doivent transférer entre elles des crédits.

■ QUELLE EST LA SUBSTANCE DE LA MONNAIE?

La monnaie depuis Adam Smith a changé complètement de nature. C'est même peut-être la seule nouveauté par rapport au système économique national qu'il a analysé.

● Les natures de monnaie qui ne sont plus en vigueur.

Il y a deux siècles la monnaie en tant que moyen de paiement, instrument des échanges, élément constitutif des encaisses interposées entre recettes et dépenses, était pour sa plus grande masse, de nature métallique. L'argent était en or, ou en argent...

Déjà l'argent se présentait aussi sous forme de billets. Cette nature de monnaie-papier était en quelque sorte un certificat de dépôt d'or. Il était gagé peut-être à l'origine à 100 % sur de l'or déposé en lieu sûr.

Mais progressivement, avec quelques à-coups, le taux de la couverture-or a diminué. On sait qu'aujourd'hui tout lien entre billets et or a officiellement disparu. La convertibilité-or interne à une nation n'existe plus nulle part depuis près d'un demi-siècle.

● La nature contemporaine de la monnaie.

Aujourd'hui l'argent au sens de monnaie ne se présente plus du tout sous forme de métal précieux. Il se présente peu, et de moins en moins, sous forme de billets ou espèces.

L'argent est essentiellement une inscription dans les comptes d'institutions financières bien répertoriées [1]. Cette inscription est parfois manuscrite; elle est de plus en plus souvent imprimée, en liaison avec un ordinateur qui traite électroniquement les montants de chaque encours (ou stock) et leurs mouvements : versements et retraits (ou flux d'entrée et de sortie de chaque stock).

● La monnaie-crédit ex nihilo.

Cette monnaie actuelle est dite monnaie-crédit, car sa nature est le crédit. Presque toutes les unités monétaires qui sont aujourd'hui en circulation, ont eu pour origine un crédit.

Chaque unité monétaire est créée ex nihilo, parce qu'un crédit est ouvert ex nihilo. Comment un crédit est-il créé? Un agent non-financier (une entreprise ou un ménage) promet à une institution financière de la rembourser à une échéance (ou terme) indiquée, pour un montant indiqué. Cette promesse de rembourser sur laquelle s'accordent l'agent non-financier et l'institution financière, constitue l'origine du crédit.

● Jonction de la monnaie et du crédit à leur création et à leur extinction.

Le crédit ouvert crée simultanément ces unités monétaires qu'il est promis de rembourser. Au même instant la promesse crée le crédit, et le crédit crée la monnaie.

1. Les billets peuvent d'ailleurs être considérés comme un type de compte au porteur.

Au terme du crédit l'enchaînement est inversé. Les unités monétaires sont retournées à l'institution financière, par l'agent qui avait promis de les rembourser. En remboursant le crédit, la monnaie disparaît. Au même instant l'extinction de la monnaie éteint le crédit, et la promesse qui est remplie, s'éteint.

Une proposition résume ces mécanismes : « Le crédit fait le dépôt » (le dépôt est l'encaisse liquide en unités monétaires).

● Disjonction de la monnaie et du crédit pendant leur existence.

Depuis leur création, jusqu'à leur extinction, les unités monétaires ne sont évidemment pas conservées en encaisse par l'agent qui est à l'origine et à la fin de leur processus d'existence. S'il a promis de rembourser des unités monétaires qu'il ne possédait pas, c'est qu'il devait utiliser en dépenses ces unités monétaires, et qu'il s'attendait à les récupérer ensuite en recettes. L'opération est tout à fait raisonnable.

Notons donc que pendant cette période les unités monétaires ne sont normalement pas dans l'encaisse de cet agent. Où sont-elles? puisqu'elles existent pendant ce temps-là. Elles se trouvent normalement dans l'encaisse d'un autre agent non-financier. Celui qui a fait créer la monnaie, n'est généralement pas celui qui la détient.

Nous complétons ainsi la proposition précédente : « le crédit de l'un fait le dépôt de l'autre ».

En ce sens on a pu dire aussi que « la monnaie est un crédit qui circule ».

Nous verrons plus loin les problèmes que cette circulation peut poser aux institutions financières.

■ POURQUOI L'EXISTENCE DE CRÉDIT ET DE MONNAIE?

● Répétition des mécanismes de la monnaie-crédit.

Les mécanismes de création-extinction de crédit et de monnaie sont répétitifs. A l'extinction d'un crédit, un autre le renouvelle ou le remplace. Ainsi une masse de crédit et une masse de monnaie existent continûment. Notons que ces masses augmentent par ouvertures de crédits, en plus du renouvellement (ou du remplacement si un agent non-financier se subtitue au précédent) de ceux qui arrivent à terme. Ces masses diminuent (en fait rarement...) par non-renouvellement (ou non-remplacement) de certains crédits venant à échéance. Ces mécanismes sont assez complexes pour que l'on s'interroge dès maintenant sur leurs raisons d'être.

C'est la discontinuité des paiements courants qui provoque la nécessité de l'existence de stocks de moyens de paiement.

● La monnaie-numéraire exprime l'équivalence dans les échanges.

Essayons d'éclaircir ce point. La monnaie en tant qu'unité de mesure, exprime la proportion dans laquelle toutes les quantités physiques hétérogènes peuvent s'échanger de façon équilibrée.

Elle n'apparaît et ne se définit que dans une économie d'échanges. C'est l'aspect de la monnaie, indispensable aux échanges, l'aspect « équivalence ». Il exprime l'équilibre en valeur nominale, ou prix, ou valeur d'échange, dans chacun des échanges de quantités, dont les unités physiques ne sont pas comparables. La monnaie-équivalence les rend comparables. On peut intituler aussi ce rôle irremplaçable : la monnaie-numéraire (qui sert à compter).

● Disparités dans les cadences de paiement.

Lorsque des échanges existent, et indépendamment du fait de leur existence, ils se déroulent suivant des modalités qui peuvent être très diverses. En fait, les échanges ne sont jamais continus, même dans un temps fonctionnel neutre de simple renouvellement à l'identique. Les actes d'échange sont cadencés. Les paiements s'effectuent à certaines fréquences suivant leur nature : dépenses hebdomadaires d'alimentation par exemple, revenu salarial mensuel, renouvellement quinquennal de l'automobile, etc... pour les ménages; règlement à échéances décadaires ou mensuelles, renouvellement du capital fixe pluri-annuel, etc... pour les entreprises.

Cette simple évocation de réalités concrètes qu'il n'y a pas lieu de formaliser davantage ici, suffit à montrer la discontinuité des paiements de chaque agent non-financier. Ses recettes ont une certaine fréquence (calculable en moyenne pondérée); Ses dépenses aussi. Mais la fréquence moyenne de ses recettes n'a aucune raison a priori d'être égale à la fréquence moyenne de ses dépenses.

● La monnaie-encaisse permet de stocker des moyens de paiement.

Si ces deux fréquences diffèrent, et plus elles diffèrent, plus une encaisse-stock est nécessaire. Ce stock s'interpose entre les flux d'entrée d'unités monétaires, et les flux de sortie. Il régularise les à-coups de leurs débits; il joue le rôle d'un réservoir entre les discontinuités en amont et d'autres discontinuités en aval. Il « comble l'intervalle entre encaissements et décaissements » (Keynes).

Ce fait est connu. Mais nous ajoutons que cette encaisse nécessitée par les transactions, est mesurable. A partir d'une fréquence donnée pour une recette, et d'une fréquence donnée différente pour une dépense, une formule arithmétique simple donne le montant de l'encaisse minimale qui est nécessité. Il est de la moitié du flux à la cadence longue, qui correspond à la somme des flux (de sens contraire) à la cadence courte.

Il s'avère que les fréquences de paiement habituellement pratiquées aujourd'hui, imposent à chaque ménage une encaisse par rapport à ses transactions, beaucoup plus importante que celle qui s'impose à une entreprise. La durée moyenne de séjour en encaisse doit être environ une dizaine de fois plus longue pour la moyenne des ménages, que pour la moyenne des entreprises.

Toutes ces données de fait sont plus méconnues des théoriciens contemporains que des fondateurs de l'économie politique. Dans la poursuite de notre analyse, nous verrons s'il y a lieu de prendre en compte les discontinuités en ce qui concerne le capital.

En résumé les habitudes concernant les cadences de paiement dans toute une nation, que ces habitudes soient institutionnalisées ou non, qu'elles soient commandées ou non par des contraintes techniques de durabilité des produits, déterminent un certain montant minimal de masse monétaire en circulation. Et il ne semble pas que le montant observé soit significativement supérieur à ce montant minimal.

● La monnaie-numéraire peut exister sans monnaie-encaisse.

L'existence de la monnaie en tant que stock de moyens de paiement n'est pas liée à l'existence d'une économie d'échanges, mais aux discontinuités dans les échanges répétés à l'identique.

Ces discontinuités peuvent varier. Si absolument tous les règlements étaient quotidiens (c'est-à-dire si les règlements à fréquence longue étaient très fractionnés), une séance de compensations multilatérales apurerait chaque jour ouvrable les comptes de tous les agents dans la nation. Dans cette économie-fiction la masse monétaire pourrait être nulle; la monnaie-encaisse n'y existerait pas. Mais l'existance des échanges qui s'y déroulent, s'exprime par la monnaie-numéraire; l'expression des relations d'équivalence ne suppose pas nécessairement l'existence d'un instrument matériel de mesure.

Cet exemple-limite montre toute la signification qu'il faut donner à l'expression de monnaie dématérialisée. La monnaie d'aujourd'hui n'est pas matérielle. Et elle pourrait à la limite ne pas exister en tant que masse de moyens de règlement, même si le fait de l'équivalence subsiste.

■ QUELLES SONT LES MODALITÉS DE DÉTENTION DE MONNAIE?

Compte tenu des habitudes actuelles de règlement et de leurs cadences, une masse de moyens de paiements est nécessaire.

Mais comment concrètement se présentent ces moyens de paiement? Comment les détient-on? Quels sont les types contemporains de la monnaie-crédit?

● La définition institutionnelle des types d'encaisse libellés en unité monétaire nationale.

Nous allons trouver ici le problème de la pluralité des institutions financières. Si une seule institution financière existait dans une nation, l'inscription dans ses comptes (au passif de son bilan) enregistrerait toutes les unités monétaires détenues par tous les agents non-financiers de la nation.

La réalité est beaucoup plus complexe. Disons que les types de comptes dans lesquels s'incarne la forme actuelle de monnaie-crédit, sont multiples. Non seulement chaque institution financière définit un type de compte; il est caractérisé par l'institution au passif du bilan de laquelle il figure. Mais encore une même institution financière peut proposer divers types de comptes. Il n'y a pas lieu de les énumérer ici. Les types en vigueur de la monnaie-crédit sont définis par les institutions.

On retrouve ici la double signification d'un mot de la langue grecque, comme Aristote l'a souligné : « nomisma » signifie « monnaie », et signifie aussi « d'institution ».

● Une définition analytique des types d'encaisse monétaire.

Comment déterminer une frontière, en deçà de laquelle on définira tous les types de comptes qui peuvent incarner la forme de monnaie-crédit, et au-delà de laquelle on qualifiera de non-monétaires, ces autres types de droits financiers?

Nous choisissons explicitement le critère de fongibilité. Tous les comptes d'agents non-financiers auprès d'institutions financières, que nous définissons comme de la monnaie fongible, ont pour caractéristique commune que leurs montants peuvent être permutés. C'est-à-dire que le détenteur de l'un d'entre eux peut en transférer le montant nominal sur n'importe lequel des autres, à sa libre initiative et sans aucune incertitude quant au montant nominal transféré.

● La fongibilité est la caractéristique intrinsèque de la monnaie.

Par exemple une somme sur un livret de caisse d'épargne est transférée pour le même montant en compte de chèque postal ou en billets, et vice et versa. Disons que le taux de change nominal d'un type de compte, permettant de passer à un autre est intangible.

Tous les droits financiers fongibles entre eux peuvent être considérés par définition comme les divers types de comptes dans lesquels s'incarne la monnaie-crédit.

Détenir un montant nominal en l'un d'entre eux, c'est pouvoir détenir le même montant nominal en n'importe lequel de tous les autres.

● La fongibilité comprend la liquidité et la quasi-liquidité.

Notons que la définition actuelle des « liquidités » par le Conseil National du Crédit correspond à une partie très importante de ces éléments fongibles. Pour ces liquidités, le transfert en moyens de paiement de types billets, comptes de chèques et comptes courants (dits « disponibilités monétaires ») est possible, au moins à court terme (2 ans environ).

Si le transfert est possible, toujours avec intangibilité du montant nominal, mais à un terme plus éloigné, on peut parler de quasi-liquidités (obligations d'institutions financières, assurances-vie et capitalisation par exemple).

Liquidités et quasi-liquidités constituent le domaine de la fongibilité. C'est la « monnaie » au sens théorique que nous venons de définir, et au contenu concret que tout agent non-financier peut pratiquer par l'intermédiaire d'une institution financière.

● La négociabilité n'est pas la fongibilité.

Si le passage d'un type de droit financier à un autre est possible, mais que cette intangibilité ne soit pas institutionnellement assurée, la fongibilité fait place à la négociabilité. Par exemple, la vente en bourse de valeurs mobilières permet d'alimenter un compte de chèques bancaire; mais le montant de la vente n'est pas nécessairement égal à celui de l'achat antérieur de ces valeurs mobilières; achetées 100 F on les revend 110 F ou 90 F; cela dépend des cotations quotidiennes. La négociabilité s'accommode de l'incertitude du montant nominal détenu.

Les valeurs mobilières peuvent être négociables; elles ne sont pas fongibles.

Détenir une valeur mobilière sur laquelle est indiqué un montant nominal, n'implique nullement que l'on détienne ce même montant nominal soit en l'un des droits financiers fongibles, soit en une autre valeur mobilière libellée du même montant.

■ COMMENT FONCTIONNE LA MONNAIE?

La pluralité des institutions financières dans un système monétaire national pose un problème de fonctionnement.

● La monnaie circule entre agents non-financiers.

La fongibilité des types de comptes ou encaisses qui constituent la masse monétaire implique certaines contraintes aux institutions financières.

La monnaie située dans chaque encaisse passe d'une encaisse à une autre, soit par paiement d'un agent non-financier à un autre, soit par transfert d'un des types d'encaisse d'un agent non-financier à un autre de ses types d'encaisse. Ces mouvements sont l'exercice même de la propriété essentielle de la monnaie, la fongibilité.

● La compensation entre institutions financières.

Ces mouvements impliquent des jeux d'écriture pour les institutions financières chez lesquelles se trouvent les comptes concernés par ces mouvements.

On sait qu'en fin de chaque jour ouvrable, une séance de compensation multilatérale entre institutions financières permet d'annuler les mouvements de sens contraire qui affectent chacune d'elles.

Mais il subsiste généralement un solde de ces mouvements non-compensés; nous verrons plus loin comment ils sont réglés.

● La monnaie circule entre actifs de bilans d'institutions financières.

Nous avons vu que le crédit d'un agent non-financier fait le dépôt (encaisse de monnaie) d'un autre agent non-financier. Cette monnaie créée circule entre agents non-financiers; et à leurs libres initiatives elle peut passer d'un compte au passif du bilan d'une institution financière, à un compte au passif du bilan d'une autre.

Le crédit est resté au bilan de l'institution financière qui l'a ouvert. La monnaie peut passer du bilan de cette institution financière, au bilan d'une autre.

Une institution financière peut attirer les dépôts, créés conjointement à des crédits, d'une autre. Elle étend alors sa clientèle de déposants.

Au contraire une autre institution financière peut ouvrir des crédits, et créer conjointement des dépôts, qui ensuite sont transférés, par leurs détenteurs successifs, chez une autre institution financière. Sa clientèle de déposants alors se restreint.

Ainsi l'importance relative de chaque institution financière peut évoluer.

Pour chacune, le montant total de ses dépôts peut-il être différent de celui de ses crédits?

● L'ÉQUILIBRE DU BILAN DE CHAQUE INSTITUTION FINANCIÈRE.

Chaque système national de monnaie-crédit est caractérisé par l'équilibre entre les montants de monnaie en circulation, et ceux d'encours des crédits.

On peut faire ici abstraction des moyens de règlements internationaux dont la contre-valeur en monnaie nationale figure à l'actif de la banque centrale. Ces éléments des « contreparties » ne sont pas négligeables. Mais l'importance que leur accorde l'analyse monétaire nous semble excessive.

Les 90 % ou plus des contreparties sont en crédits, et il ne serait pas déraisonnable de leur consacrer une telle part dans les analyses théoriques...

La pluralité des institutions financières ne doit pas faire obstacle au principe d'équilibre entre monnaie et crédits. Pour qu'il soit respecté c'est le bilan de chacune d'entre elles qui doit être aussi en équilibre.

● LES TRANSFERTS DE CRÉDITS ENTRE INSTITUTIONS FINANCIÈRES.

On a vu que la monnaie et le crédit sont joints en leur création d'une part et en leur extinction d'autre part; ils sont disjoints pendant le cours de leur existence.

Pour chaque institution financière, la monnaie au passif de son bilan peut varier du fait de sa circulation.

Comment concilier ces modalités de fonctionnement, avec le principe d'équilibre entre monnaie et crédit au bilan de chaque institution financière?

Des crédits peuvent passer de l'actif d'une institution financière, à l'actif d'autres institutions financières. Le mécanisme de ces transferts de crédits est intitulé d'habitude et assez curieusement : marché monétaire. En fait il s'agit d'achats et ventes entre institutions financières, d'encours de crédits qui ont été accordés à des agents non-financiers. Ces transferts de crédits permettent d'apurer les soldes de mouvements monétaires non-compensés entre institutions financières. Les règlements des soldes résultant des mouvements de la monnaie existante sont en quelque sorte effectués par des crédits existants.

C'est parce que la monnaie détenue par les agents non-financiers est transférée entre institutions financières, que les crédits ouverts aux agents non-financiers sont transférés entre institutions financières.

chapitre 8

LES FAUSSES RAISONS D'UNE RÉMUNÉRATION APPARENTE DE LA MONNAIE

On vient de voir que depuis deux siècles, la monnaie a complètement changé de nature. Analysons maintenant un phénomène qui était lié à sa nature périmée; a-t-il disparu avec elle?

Par nature il n'était pas question que la détention de monnaie métal ou papier soit rémunérée. La possession d'or ou de billets pouvait même au contraire nécessiter des frais de garde, de transport ou d'assurance-vol.

La matérialisation de la monnaie assurant l'anonymat dans la possession, la possession était plus précaire.

Aujourd'hui la détention de monnaie-crédit est, pour sa plus grande part, rémunérée. Comment un tel revirement s'est-il opéré? Ce qui constituait un produit à coût de production et coût d'entretien, est devenu un droit financier, une créance qui est très souvent rémunérée par un taux d'intérêt dit à court terme.

Ce qui était coûteux, est devenu profitable... Apparemment quelle merveilleuse innovation!

Les raisons qui semblent fonder aujourd'hui la rémunération de la monnaie ne résistent pas à une analyse selon les principes mêmes de l'économie politique.

■ LE CRITÈRE D'ABANDON OU DE DÉTENTION DE LIQUIDITÉS EST MÉCONNU

Les arguments, qui tendent à faire croire que la détention de liquidités puisse être aujourd'hui rémunérée, apparaissent spécieux.

● La substitution progressive de la monnaie-crédit à la monnaie-métal.

Leur validité apparente est liée à la phase provisoire et révolue de dualité de nature de la monnaie. La détention de monnaie-métal n'a jamais été rémunérée en tant que telle.

Les présentations nouvelles de la monnaie ont pu momentanément le faire croire. La substitution progressive de la monnaie-crédit à la monnaie-métal a permis une confusion entre abandon de la liquidité de la monnaie, et détention de monnaie-liquidités.

Cette confusion provisoire ne devrait-elle pas s'achever aujourd'hui? car la substitution de la monnaie-crédit à la monnaie-métal est complète et définitive. Il serait peut-être temps que l'ambiguïté soit maintenant levée.

● L'abandon de la liquidité.

Keynes a déjà dénoncé cette confusion il y a quarante ans.

Le taux d'intérêt n'est pas la récompense de ne pas consommer son revenu et de détenir des liquidités. Il est la récompense de ne pas conserver ces liquidités, et de les abandonner contre achat de créances négociables en bourse; leur vente ultérieure contre des liquidités ne donnera pas nécessairement le même montant nominal; la certitude de la liquidité y est abandonnée pour l'incertitude de la négociabilité.

La science économique dominante (notamment dans les manuels), n'a pas retenu l'analyse de Keynes sur ce point. Cet oubli est-il volontaire?

L'abandon de la liquidité est le critère qui délimite là où commence la détention de droits financiers non-monétaires (disons en abrégé, du capital financier), et là où finit la détention de droits financiers monétaires et quasi-monétaires (disons en abrégé, de la monnaie).

Redisons-le clairement : la détention d'un type de liquidités n'est pas l'abandon de la liquidité.

● Que rémunère le loyer de l'argent ?

Le loyer de l'argent est une expression ambiguë, et sans doute volontairement. Pour être plus clair, comparons la réalité qu'elle recouvre avec celle que recouvre le loyer d'un appartement par exemple.

Ce loyer comporte en fait deux parties. Le propriétaire se dessaisit de la jouissance du bien loué; il en assure les coûts de renouvellement physique, entretien et amortissement à long terme; le montant du loyer y correspond pour sa plus grande part. Indépendamment le loyer peut comprendre en plus un certain montant qui correspond au principe de rémunération du capital engagé; les liquidités, qui ont permis l'achat de l'appartement à louer, ne sont plus disponibles pour le propriétaire.

Dans le cas de la monnaie, la situation n'est pas du tout la même. Le détenteur d'un livret d'épargne, par exemple, n'est pas dépossédé de son avoir! il en a l'entière disponibilité...

● POSSÉDER DES LIQUIDITÉS DISPONIBLES N'EST PAS LES PRÊTER.

Les expressions, assez répandues, qui font croire à un prêt par le détenteur du livret, à l'institution financière, sont sources de quiproquo. Ne fait-on pas croire que le détenteur du livret est venu déposer son argent pour que l'institution financière en dispose à sa place? Cette présentation n'est que la transposition d'une réalité ancienne qui n'existe plus, à une réalité actuelle qui est autre.

Il y a un siècle ou deux, un particulier pouvait venir à un guichet déposer des pièces d'or et recevoir en échange un papier « action au porteur »; il abandonnait peut-être la proie pour l'ombre; c'était un abandon de la liquidité selon l'expression de Keynes.

L'opération inverse, c'est-à-dire rapporter le papier et recevoir autant de pièces d'or, n'était pas garantie. Le risque de la négociabilité était lié à l'incertitude du cours de reconversion en monnaie; il était substitué à la certitude nominale de la liquidité.

Transposer les mots décrivant une opération hasardeuse, aux opérations routinières actuelles de passage assuré d'un type de liquidités à un autre, est un véritable abus de langage à la limite de la tromperie. Il faut dire en vérité :

Le détenteur du livret détient un montant nominal certain dont il a à chaque instant la disponibilité.

Il est clair que l'on n'est pas en train de « prêter » quelque chose pendant que l'on en a l'entière et constante disponibilité.

■ LE COÛT DE LA MONNAIE EST MAL DÉFINI

La monnaie-métal était un bien produit et avait un coût de production. La monnaie-crédit d'aujourd'hui n'a plus ce coût de production; mais elle en a un autre qui est un coût d'utilisation. Comment est-il imputé, et à qui?

● LA MONNAIE SITUÉE EN ENCAISSE N'EST PLUS UN BIEN PRODUIT.

Les unités monétaires qui figurent au bilan des institutions financières ne sont pas achetées par elles, à des agents qui viendraient les leur déposer. Elles les créent elles-mêmes ex nihilo. Elles n'ont donc à les payer à personne. A moins de décréter qu'elles le doivent...

Si les institutions financières payent des intérêts sur la quasi-monnaie (comptes sur livret, bons...), c'est seulement parce que règne le principe de leur rémunération. Ce principe s'étend dans certains pays jusqu'aux comptes de chèques.

La monnaie, hors ce principe de rémunération, n'est pas un produit; elle n'a aucun coût de production.

● La circulation de la monnaie est un service qui a un coût.

Il est évident que les institutions financières ont des frais de fonctionnement : salaires des employés, fournitures, entretien et renouvellement des bureaux et agences... L'ensemble de ces frais est aujourd'hui couvert par la différence entre le montant des intérêts débiteurs que les institutions financières reçoivent d'une part, et celui des intérêts créditeurs qu'elles versent d'autre part.

Que la gamme des taux d'intérêt monte ou baisse, il y a toujours une marge entre le montant des intérêts sur les crédits, et le montant des intérêts sur la monnaie (liquidités et quasi-liquidités). Cette marge constitue le chiffre d'affaires des institutions financières; il n'est pas question de contester son existence.

● Pourquoi la facturation du coût de la monnaie circulante est-elle proportionnée aux encours de crédits ?

On considère aujourd'hui que la monnaie d'une part et le crédit d'autre part sont des stocks de capitaux dont la possession peut être rémunérée. Des agents non-financiers possèdent le capital-monnaie; et des institutions financières possèdent le capital-crédit. Nous nous interrogerons plus loin sur la validité de cette assimilation de la monnaie-crédit à un capital-liquide.

Cette assimilation étant posée, il a pu paraître normal que les frais de fonctionnement des institutions financières soient en quelque sorte défalqués de montants d'intérêts proportionnellement à ces capitaux.

Les intérêts créditeurs sont proportionnels aux stocks de monnaie, chacun d'eux étant affecté de son taux particulier s'il y a lieu.

Les intérêts débiteurs sont proportionnels aux stocks de crédits, chacun d'eux affecté de son taux particulier s'il y a lieu.

Crédits et dépôts s'équilibrant pour chaque institution financière, il s'en suit que la marge entre les montants d'intérêts de sens contraire, est pratiquement proportionnelle à l'un ou l'autre de ces stocks.

● Elle pourrait être proportionnée à l'acte de paiement.

Les coûts de fonctionnement des institutions financières sont sans doute liés davantage au nombre de transactions, qu'au montant des encaisses. Un montant sur un livret d'épargne sans mouvement pendant plusieurs mois coûte moins cher en frais de fonctionnement pour l'institution financière, qu'un même montant en compte de chèque ou compte courant qui enregistre plusieurs virements (entrées et sorties) quotidiens.

Notons qu'en réalité on pourrait très bien envisager que les frais soient facturés par « acte » de circulation.

Ce mode d'imputation serait très différent du mode actuel. Il ne serait pas proportionnel au montant des stocks, comme le système actuel y aboutit; notons qu'il ne serait pas non plus proportionnel au montant des transactions.

Aujourd'hui ce sont les agents économiques non-financiers qui ont l'initiative de faire créer une monnaie à coût de production nul qui subissent tout le coût de sa circulation, et même au-delà.

■ LA RÉMUNÉRATION DE LA MONNAIE SERAIT-ELLE JUSTIFIÉE A POSTERIORI PAR UNE INFLATION MAL EXPLIQUÉE ?

Les détenteurs de liquidités rémunérées pourraient penser aujourd'hui que la rémunération qui leur est versée est tout à fait souhaitable. Elle serait même plutôt insuffisante pour compenser la dépréciation de pouvoir d'achat dont l'inflation affecte leurs encaisses liquides.

Ce raisonnement est partiellement juste. Mais il impliquerait pour être totalement juste que les explications actuelles de l'inflation soient exactes, c'est-à-dire que les causes de l'inflation se situent en dehors des phénomènes monétaires dont la rémunération de la monnaie fait partie intégrante...

En prenant un peu de recul vis-à-vis des explications actuelles de l'inflation, on ne peut s'empêcher de les trouver étranges et paradoxales.

● Inflation par la demande ou par la croissance de l'offre ?

On nous dit que la demande est excessive par rapport à l'offre, c'est-à-dire que l'offre est insuffisante, et que la hausse des prix interviendrait pour les réajuster.

Or depuis 30 ans, il y a croissance réelle; l'offre de produits s'accroît tous les ans en moyenne de 3 à 5 % dans tous les pays occidentaux. Ce n'était pas le cas précédemment; les taux de croissance moyens étaient nettement plus faibles. Alors comment peut-on nous dire que maintenant que l'offre augmente plus vite qu'avant, c'est maintenant qu'il y a inflation, tandis qu'il n'y en avait pas avant?

● Inflation par les coûts ou par la productivité ?

On nous dit aussi que les coûts augmentent.

Est-ce vraiment sérieux? Depuis 30 ans ce sont les rendements qui augmentent...

Les taux de productivité sont en moyenne positifs et de 3 à 5 % l'an dans tous les pays occidentaux.

Les coûts nominaux augmentent peut-être; mais cette évolution de leur expression nominale est liée à un phénomène monétaire que nous allons évoquer.

En réalité les coûts réels diminuent par unité produite. C'est l'illustration de rendements croissants, dont la théorie marginaliste prétend qu'ils décroissent.

● Une logique étrange.

En vérité, si on accuse une demande excessive quand l'offre augmente ou même, comble du paradoxe, quand la demande diminue en période de récession... Si on accuse les coûts du travail, quand la productivité du travail augmente... Si on accuse les coûts extérieurs, quand, depuis 30 ans, la moyenne des prix du commerce mondial augmente beaucoup moins que les prix intérieurs...

Alors la logique est soumise à dure épreuve. Toutes ces accusations ne révéleraient-elles que des procès d'intention?

● La responsabilité scientifique des économistes.

En l'absence de véritable explication économique à la froide rigueur scientifique, on utilise n'importe quelle apparence d'argumentation. L'affolement, le parti pris, ou la résignation, font accepter et diffuser dans l'opinion bien des confusions.

Parce que la science économique n'apporte d'explications ni convaincantes ni sérieuses, alors on évoque d'autres domaines encore plus imprécis, psychologie, sociologie, psychanalyse... Les allusions à des causes extra-économiques, traduisent le renoncement, pour ne pas dire la fuite des responsabilités, des économistes, face à un problème économique. Tenter d'échapper à la discipline où l'on est censé être compétent, pour reporter sur d'autres la responsabilité de sa propre ignorance, ne serait-ce pas une forme de lâcheté scientifique?

Les mécanismes de la création monétaire liée ou non à la croissance réelle, sont des phénomènes spécifiquement économiques. Les économistes pourraient peut-être « s'attarder » sur ce problème difficile, au lieu de le dépasser sans le voir, dans une « avance » irréfléchie.

En matière scientifique la fuite en avant peut être une fuite tout court.

■ LES PSEUDO-EXPLICATIONS DE L'INFLATION MÉCONNAISSENT LES MÉCANISMES MONÉTAIRES ACTUELS

Les analyses habituelles de l'inflation sont superficielles; elles semblent se limiter à ses mécanismes d'enchaînement. Elles ne remontent pas jusqu'à sa cause initiale.

Les rouages de l'inflation sont peut-être ceux que les théories dominantes décrivent inlassablement tandis qu'elle persiste ou s'accélère... Mais sa cause originaire, sa nature inéluctable ne sont pas ces mécanismes contingents.

Avec les mécanismes habituellement décrits, l'inflation pourrait ne pas être irréversible.

Au contraire, en considérant les mécanismes monétaires actuels en système de monnaie-crédit et avec le principe de rémunération de la monnaie, l'inflation irréversible ne peut plus ne pas être. Oui, l'inflation est conjointe à une création monétaire supérieure à la création réelle de biens. Mais pourquoi crée-t-on plus de monnaie que la création réelle ne l'exigerait?

Voilà une question à laquelle les raisonnements d'inflation par les coûts, ou d'inflation par la demande ou d'inflation dite par les structures n'apportent aucune réponse sérieuse.

● L'inflation par les coûts ou par la demande implique la monnaie.

Certes une course salaires-prix existe. Mais pourquoi s'exerce-t-elle en hausses nominales? Pourquoi ne s'exerce-t-elle plus jamais depuis 30 ans en baisses nominales plus ou moins fortes que la baisse du niveau général des prix?

L'expression monétaire des montants nominaux n'est donc pas indifférente.

Pourquoi s'accroît-elle chaque année?

Certes la demande des ménages aux entreprises est une demande nominale qui se présente effectivement, et s'accroît presque chaque année depuis 30 ans. Mais comment cette demande solvable s'accroît-elle? Comment ses montants nominaux accrus sont-ils alimentés?

● L'INFLATION STRUCTURELLE IMPLIQUE LA MONNAIE.

Certes les antagonismes sociaux existent et ont existé. Mais pourquoi s'exercent-ils depuis 30 ans dans un contexte de hausses nominales? Ils s'exerçaient auparavant en alternance de hausses et de baisses absolues des prix.

Certes la croissance réelle est accompagnée et a été accompagnée d'une diversification des productivités par branches et des prix des produits. Mais pourquoi depuis 30 ans la *moyenne* des prix augmente-t-elle? Les prix relatifs sont un phénomène économique; le niveau général des prix en est un autre. La dispersion des prix relatifs a été compatible avec la hausse, la stabilité ou la baisse du niveau général des prix. Pourquoi depuis 30 ans n'est-elle plus observée qu'en concomitance avec une hausse du niveau moyen des prix?

● POURQUOI CES ENCHAÎNEMENTS NE S'EXERCENT-ILS MAINTENANT QUE DANS LE SENS DE HAUSSES NOMINALES ?

L'énumération des pseudo-causes de l'inflation pourrait être poursuivie. Pour chacune nous posons deux questions.

Pourquoi depuis 30 ans seulement? N'était-ce pas vrai aussi avant?

Pourquoi ces pseudo-causes ne sont-elles évoquées que pour justifier des variations de montants nominaux en hausse? Ne pourrait-on vraiment pas les évoquer tout aussi bien pour justifier des enchaînements nominaux, en baisse?

Ces pseudo-causalités sont toujours à sens unique, celui de la hausse nominale. Il y aurait inflation parce que depuis 30 ans des hausses nominales ont lieu...

Mais enfin d'où viennent ces hausses nominales? L'expression monétaire des montants nominaux n'est pas neutre dans ces enchaînements. D'où vient la monnaie qui les alimente?

● UNE CRÉATION MONÉTAIRE AUTONOME QUI S'AVÈRE EXCESSIVE.

Le principe de rémunération de la monnaie apporte un éclairage nouveau sur les hausses nominales. Le sens « à la hausse » des prix nominaux devient démontrable.

Car la création monétaire autonome que nous allons analyser a lieu en toute hypothèse. Alors les mécanismes d'enchaînements ne sont plus amorcés que dans le sens de la hausse.

La possibilité d'un amorçage dans le sens « à la baisse » devient exclue.

Une certaine création monétaire est gouvernée par des mécanismes étrangers aux pseudo-causes de l'inflation. Elle est due au principe de rémunération de la monnaie, appliqué dans des conditions qui lui donnent plus ou moins d'ampleur.

La création monétaire effectivement pratiquée devient alors excessive, par rapport à la circulation des quantités de produits et aux durées de séjour dans les encaisses liquides.

La cause de cet excès devient identifiée.

Les pseudo-causes de l'inflation ne parviennent pas à préciser l'origine de cet excès.

chapitre 9

LES VRAIES RAISONS D'UNE NON-RÉMUNÉRATION RÉELLE DE LA MONNAIE

La rémunération de la monnaie est un leurre. En fait de merveilleuse innovation il s'agit plutôt d'une étonnante aberration.
La rémunération de la monnaie instaure des flux de transferts que les agents économiques subissent en comprenant mal leur véritable signification, qui en effet est absente. Alors ces flux suscitent des contre-flux. Les situations malsaines, créées par la rémunération de la monnaie, sont en quelque sorte corrigées par l'instauration de contre-flux; ils ne constituent qu'un pis-aller.
La rémunération de la monnaie est comme un poison. Un contre-poison apparaît; c'est l'inflation. Malheureusement ce contre-poison devient une drogue, à laquelle on s'accoutume et qui va rendre le poison lui-même apparemment nécessaire.
Analysons cet enchaînement infernal.

■ LE CRÉDIT PEUT-IL RÉMUNÉRER LA MONNAIE ?

Partons de l'état existant. Le système de la monnaie-crédit est instauré. Les encours (ou stocks) de crédits sont à l'origine des encaisses (ou stocks) de liquidités.

● L'État contemporain des stocks de monnaie-crédit des ménages.

Le montant des encaisses que détiennent les ménages est très important par rapport à leurs transactions. La durée de séjour dans leur encaisse, des montants monétaires qui y transitent, est de plusieurs mois en moyenne. Cette durée de séjour assez longue leur est imposée par les cadences de paiement de leurs revenus d'une part et de leurs dépenses d'autre part.

Les ménages n'assument pas par les crédits que les institutions financières leur consentent, la totalité de leurs encaisses de liquidités. La proportion dans laquelle ils l'assument varie suivant les pays; mais dans aucun des pays occidentaux ils n'en assument la totalité.

● L'État contemporain des stocks de monnaie-crédit des entreprises.

En symétrie nécessaire, les entreprises assument plus de création de crédits qu'elles ne possèdent d'encaisse liquide. Le montant de l'encours des crédits, que les institutions financières leur consentent, est supérieur à celui de leur encaisse.

Par ailleurs la durée de séjour en encaisse, des montants de leurs paiements qui y transitent, est beaucoup plus courte que celle des ménages, une dizaine de fois plus courte environ. Les cadences de leurs paiements sont en effet beaucoup mieux ajustées en entrées et en sorties.

● Intérêts débiteurs et intérêts créditeurs.

Le principe de la rémunération de la monnaie-crédit instaure l'existence d'un flux annuel d'intérêts.

Avoir un encours d'endettement en crédits implique de payer chaque année un montant d'intérêts à taux indiqué, aux institutions financières qui ont consenti ces crédits.

Avoir une encaisse de liquidités implique au moins pour toutes les formes de quasi-monnaie, de percevoir chaque année un montant d'intérêts à taux indiqué, versé par les institutions financières sur les comptes desquelles ces liquidités figurent.

Compte tenu des états de stock de monnaie-crédit détenus respectivement par les ménages et par les entreprises, chaque année les entreprises versent des intérêts aux institutions financières, et les ménages en touchent. Nous avons déjà indiqué que la différence entre les montants reçus et versés par les institutions financières constituait leur chiffre d'affaires qui couvre l'ensemble de leurs frais de fonctionnement.

● Un flux de transfert des entreprises vers les ménages.

Par l'intermédiaire des institutions financières, on peut donc dire que chaque année une partie des intérêts versés par les entreprises est perçue par les ménages.

Notons que si les ménages participaient comme les entreprises aux frais de fonctionnement des institutions financières les entreprises verseraient un montant moindre d'intérêts, et les ménages en percevraient un montant moindre. Le mode d'imputation des frais de fonctionnement des institutions financières que nous avons analysé au chapitre précédent, accuse le phénomène de transferts que constituent les intérêts.

Il n'en reste pas moins que le principe de rémunération de la monnaie-crédit aboutit à instaurer un flux annuel de transfert partant des entreprises et aboutissant aux ménages, par l'intermédiaire des institutions financières.

● Ce flux de revenu des ménages est-il dépensé ?

Quelle est la signification économique de ce flux de transfert? Voilà la question que nous nous posons.

En première analyse, ce flux de transfert pourrait être assimilé aux revenus que les entreprises versent aux ménages, et notamment aux dividendes ou intérêts obligataires qu'elles leur versent directement.

En poursuivant ce raisonnement on pourrait dire que les revenus perçus par les ménages en provenance des entreprises, retournent aux entreprises par les dépenses des ménages. Le circuit, exprimé en grandeurs globales keynésiennes, demeurerait bouclé.

● Les entreprises versent-elles davantage de revenus qu'elles en reçoivent ?

Nous évoquons Keynes, car cet auteur a compris que l'existence des encaisses des ménages en monnaie-crédit pouvait soulever en théorie et soulevait en fait observé, un problème.

Résumons-le avant de l'analyser en détail.

Si les ménages augmentent leurs encaisses liquides, ils ne dépensent pas tout leur revenu. Comment les entreprises peuvent-elles verser plus de revenus aux ménages, que les ménages n'en dépensent auprès d'elles?

■ CHAQUE ANNÉE LES MÉNAGES PRÉFÈRENT LA LIQUIDITÉ

La question soulevée par Keynes en 1936 s'inscrit dans un contexte économique dont l'inflation est absente. Le phénomène de l'inflation est apparu en tant que hausse irréversible du niveau général des prix, dans tous les pays occidentaux seulement depuis 30 ans, depuis l'après dernière guerre mondiale.

● En l'absence d'inflation.

Il convient d'isoler deux temps d'application du processus que nous allons décrire.

Le premier temps se situe à l'époque de Keynes. Rappelons que le système de la monnaie-crédit s'est instauré, et est presque complètement implanté; des débats théoriques sur la convertibilité-or interne à chaque nation subsistent encore.

● La durée de séjour en encaisse s'allonge.

Le fait d'observation que Keynes a eu le génie de détecter, en dépit d'un appareil statistique d'observation encore plus rudimentaire qu'actuellement, est celui d'une augmentation des encaisses liquides des ménages par rapport aux montants de leurs transactions en revenus et dépenses. En clair, leur durée de séjour en encaisse s'allonge.

Ce que Keynes intitulait « préférence pour la liquidité », recoupe cette idée parmi celles que ce concept très riche comporte.

Un problème de bouclage du circuit se présente comme nous venons de l'énoncer, et en l'absence d'inflation.

● Une disparité accrue dans les cadences de paiement en est la cause.

La cause de cet allongement de la durée de séjour en encaisse des ménages est sans doute le fait que leurs dépenses se diversifient et notamment comprennent de plus en plus des achats de biens durables. Les cadences de leurs recettes sont principalement mensuelles; et les cadences de leurs dépenses sont pour un peu quotidiennes ou trimestrielles, et pour beaucoup et de plus en plus annuelles ou pluriannuelles. La disparité entre les cadences de recettes et les cadences de dépenses, s'accroît. L'encaisse minimale nécessaire pour cet ajustement répétitif, augmente. La durée de séjour en encaisse doit s'allonger.

● Un apport de Keynes méconnu.

Il importe peu que Keynes n'ait pas très clairement défini la cause de cet allongement. Son concept d'encaisse de précaution semble imprécis et mal distingué de celui d'encaisse de transaction. Le concept de monnaie-encaisse que nous avons proposé en chapitre 7 nous semble regrouper les deux idées de Keynes.

Mais il est remarquable que Keynes ait noté ce phénomène et son importance, car il s'est vérifié jusqu'à l'heure actuelle. Ceci est d'autant plus remarquable que les commentateurs ne semblent pas l'avoir compris, même après l'analyse de Keynes.

● Le taux d'intérêt sur la monnaie facilite cet allongement.

Reprenons au passage la remarque très juste de Keynes. Le fait de rémunérer certains types de liquidités ne va pas à l'encontre de l'allongement de la durée de séjour en encaisse. Au contraire il la facilite sous deux aspects.

Les types de quasi-monnaie à durée de séjour assez longue (2 à 3 ans pour les comptes d'épargne liquide) sont mieux rémunérés que les types de monnaie moyens de paiement à durée plus courte (quelques semaines pour les comptes de chèques). Alors un glissement s'effectue entre les proportions respectives de ces deux types de liquidités. La part des types de liquidités à durée longue augmente tandis que celle des types de liquidités à durée courte diminue.

Il s'en suit que la durée moyenne de l'encaisse de liquidités détenues s'allonge, même si aucun allongement n'est constaté pour la durée de chaque type de liquidités.

C'est l'évolution que l'on observe en France depuis une vingtaine d'années au moins.

● UNE AUGMENTATION QUASI-AUTOMATIQUE D'ENCAISSE.

Par ailleurs, le versement des intérêts créditeurs s'effectue généralement par simple avis d'écriture passée au compte du titulaire. Par exemple les intérêts en comptes de caisse d'épargne sont adjoints au capital automatiquement; ce mécanisme fonde le principe des intérêts composés.

Ainsi sans aucune formalité, le détenteur de ces types de liquidités voit augmenter le montant de son encaisse. Il n'a même pas véritablement reçu un revenu dont il aurait pu se demander s'il allait le dépenser. L'affectation de cette recette est décidée pour lui; elle augmente son encaisse. A flux de paiements inchangés, la durée de séjour en encaisse s'allonge.

Mais quel économiste théoricien a-t-il prétendu que le taux d'intérêt avait pour seul et unique but de satisfaire l'allongement de la durée de séjour en encaisse?

Quel monétariste pourrait prétendre que cet allongement doit s'exercer indéfiniment? En fait l'ampleur des encaisses liquides inquiète les responsables monétaires. Elle restreint les possibilités qu'ils ont de maîtriser des à-coups à très court terme dans l'utilisation individuelle des encaisses liquides. Il est d'autant plus étrange que les spécialistes monétaires n'aient pas vu le danger du mécanisme amorcé par le taux d'intérêt.

Le risque s'est confirmé dans un deuxième temps.

■ CHAQUE ANNÉE LES MÉNAGES REVALORISENT LEURS LIQUIDITÉS DÉPRÉCIÉES

Dans un deuxième temps, on dépasse l'époque où Keynes écrivait et où le phénomène de l'inflation irréversible n'était pas apparu. Depuis la dernière guerre mondiale en effet le phénomène d'allongement de la durée de séjour en encaisse décrit par Keynes continue à se manifester. Mais s'y adjoint un deuxième phénomène, celui de l'inflation dont on peut se demander s'il n'a pas été suscité par l'incompréhension de l'analyse de Keynes.

● UNE CRÉATION MONÉTAIRE POUR RÉPONDRE À LA PRÉFÉRENCE POUR LA LIQUIDITÉ.

Dès 1936 Keynes suggérait que si les ménages préféraient la liquidité, il était possible de répondre à leur souhait. Ils désirent davantage de monnaie? Eh bien qu'on en crée!

Depuis 30 ans toutes les politiques économiques ont toléré ou facilité, suivant leurs références aux théories monétaristes (parti républicain aux États-Unis) ou budgétaristes (parti démocrate aux États-Unis), une création monétaire plus ou moins importante. Mais en fin de compte la création de liquidités avait lieu, acceptée ou souhaitée.

Le phénomène nouveau de l'inflation n'est pas apparu en liaison avec ces liquidités créées en réponse à la préférence manifestée par les ménages pour la liquidité.

● Un processus de création monétaire déconseillé par Keynes.

Il est apparu par la méconnaissance de l'analyse de Keynes. Créer des liquidités s'imposait. Mais l'encourager par un taux d'intérêt récompensant leur détention ne s'imposait pas. Keynes avait même préconisé l'inverse. Pour lui le taux d'intérêt sur la monnaie-crédit allait à l'encontre de ce qu'il recommandait.

A la création monétaire satisfaisant la préférence pour la liquidité, allait s'adjoindre en opposition aux préceptes de Keynes, un maintien puis une hausse de la rémunération de la monnaie-crédit.

Le processus de la sur-abondance de liquidité avait été amorcé dans le premier temps par un mécanisme inopportun de rémunération de la monnaie. Dans un deuxième temps il n'allait pas seulement remplir son premier rôle improvisé. Il allait aussi remplir un deuxième rôle que Keynes avait voulu exclure.

Il augmentait quasi-automatiquement les encaisses, au-delà de ce que les ménages souhaitaient en allongement de durée de séjour. Il augmentait les encaisses nominales sans augmentation des biens en circulation. Il provoquait en plus de l'allongement de la durée de séjour, la dépréciation du pouvoir d'achat réel de la monnaie. Il suscitait l'inflation.

● La création monétaire préconisée par Keynes n'était pas inflationniste.

Il est particulièrement injuste de rendre Keynes responsable de nos inflations actuelles, dès lors que l'on a suivi une de ses recommandations sans en comprendre vraiment la signification, et que l'on n'a pas suivi du tout une autre de ses recommandations qui donnait à la première toute sa signification.

Les ménages préfèrent la liquidité, c'est un fait; on peut les satisfaire. Mais si leur encaisse de liquidités s'accroît par le taux d'intérêt, c'est un mécanisme de création monétaire dont les responsables de la politique économique ne seront plus maîtres; il convient de n'en pas user. Voilà ce que Keynes proposait.

● Un processus de création monétaire non-maîtrisable.

Au lieu de suivre ces sages préceptes, on a adopté sans le comprendre, ce mécanisme de création monétaire. On ignorait ou l'on voulait ignorer qu'on n'en serait plus maître.

La création monétaire peut aller au-delà de ce qui était seulement nécessaire selon le diagnostic de Keynes. Surpris par la création monétaire excessive qui a suivi, les partisans de la rigueur monétaire en oublient même parfois qu'une certaine création monétaire non-inflationniste est nécessaire pour l'allongement de la durée de séjour.

Pour atteindre une fin mal reconnue, on a choisi le moyen défendu. Par le moyen interdit on allait dépasser la fin recherchée. On avait joué aux apprentis-sorciers.

● La revalorisation d'encaisses liquides dépréciées.

Un processus cumulatif sans limite était enclenché. La hausse des prix dévalorise l'encaisse nominale. Pour rétablir son pouvoir d'achat, il faut l'augmenter nominalement.

A la préférence pour la liquidité par allongement de la durée de séjour en encaisse, s'adjoint le besoin de liquidités pour maintenir le pouvoir d'achat de l'encaisse.

Au lieu d'une seule cause de diminution de la demande effective, on en a maintenant deux. Les ménages ne dépensaient pas une partie de leur revenu, par préférence pour la liquidité. Maintenant ils ne dépensent plus une autre partie de leur revenu, par revalorisation de leurs stocks de liquidités dépréciées.

● La poursuite entre taux d'intérêt nominal et taux d'inflation.

Le comble du paradoxe est atteint lorsque pour maintenir une rémunération de la monnaie, on augmente le taux nominal d'intérêt. C'est un jeu d'escalades à la hausse, entre des montants nominaux d'intérêts que l'inflation vide d'une signification de rémunération réelle, et des taux d'intérêts nominaux qui alimentent pour partie l'inflation par création monétaire excessive.

■ CHAQUE ANNÉE LES ENTREPRISES S'ENDETTENT POUR SURVIVRE

Le processus que nous venons de décrire en deux temps pour les ménages, est conforté par des mécanismes symétriques qui s'exercent du côté des entreprises. On y retrouve aussi les deux temps déjà dégagés : sans inflation d'abord, puis depuis la dernière guerre mondiale avec inflation.

● Accroissement d'encaisses sans accroissement de crédits aux ménages.

D'où proviennent ces montants monétaires dont les ménages veulent accroître leur encaisse liquide? Ils ne proviennent que pour une faible part de leur accroissement de crédits, comme nous l'avons rappelé.

Ils proviennent pour leur plus grande part, de revenus perçus mais non-dépensés, ni en achats de consommation, ni en souscriptions de valeurs mobilières émises. Les revenus versés par les entreprises aux ménages ne leur sont pas en totalité retournés en dépenses.

Comme Keynes, on peut faire abstraction des dépenses des entreprises auprès d'autres entreprises. Car dans leur ensemble ces dépenses sont égales à ces recettes.

● La création de crédits aux entreprises alimente la création de monnaie pour les ménages.

Les revenus non-dépensés sont pour l'ensemble des entreprises une suppression de débouchés. Keynes l'a analysé avec justesse.

La création monétaire qu'il recommande pour combler la préférence des ménages en encaisse liquide accrue, est retrouvée ici sous son aspect symétrique de création de crédits.

Les entreprises font créer la monnaie dont elles-mêmes n'ont pas besoin en leur encaisse, pour qu'elle parvienne aux ménages qui eux la désirent en leur encaisse.

La création de crédits accordés aux entreprises, les alimente en monnaie qu'elles versent aux ménages.

● Stocks de monnaie-crédit et flux monétaires.

Il est probable que cet aspect a été mal compris des commentateurs de Keynes parce que les aspects de la monnaie-crédit n'étaient pas encore clairement théorisés.

Rappelons d'abord que la monnaie circulante est le passage instantané d'une encaisse à une autre; c'est l'aspect des paiements. La monnaie située est la détention d'un encours de liquidités; c'est l'aspect des encaisses.

Par ailleurs il ne faut pas confondre tout accroissement d'une encaisse avec un flux.

La création d'un crédit crée quasi instantanément un montant identique de monnaie. Si chacun détenait autant de crédit que de monnaie, la création simultanée de crédit et de monnaie augmenterait ces deux stocks, sans aucun flux.

● Création de crédit et flux monétaires.

Mais comme nous l'avons déjà indiqué la réalité est plus complexe, ceux qui détiennent la majorité des crédits ne sont pas ceux qui détiennent la majorité de la monnaie, et vice et versa. Alors la création de monnaie réalisée par création de crédit, implique le passage d'une encaisse à une autre : de l'encaisse de celui qui fait créer le crédit, à l'encaisse de celui qui veut détenir la monnaie créée. Il s'agit là d'un flux monétaire entre deux agents non-financiers. En système de monnaie-crédit avec disjonction des détentions individuelles de monnaie et de crédit, l'augmentation de la monnaie détenue implique un flux de paiements en monnaie; car le plus souvent ceux qui détiennent la monnaie ne sont pas ceux qui la font créer.

Le système n'est pas simple; mais il est observé dans tous les pays occidentaux. Il convient d'en tenir compte dans l'analyse économique. C'est ce que Keynes a commencé d'entrevoir.

● Accroissement d'encaisse des ménages par leurs revenus non-dépensés.

La préférence des ménages pour la liquidité signifie une augmentation de leur encaisse liquide. Comme ils n'assument pas par des crédits, la totalité de leur encaisse monétaire, ils doivent recevoir des flux monétaires qu'ils ne dépensent pas. Ce sont les entreprises qui leur versent des revenus que les ménages ne leur retourneront jamais en dépenses.

Ce mécanisme n'est pas exceptionnel; il n'est pas non plus réversible. Il s'exerce toujours dans le même sens et depuis plusieurs dizaines d'années dans tous les pays occidentaux.

● Accroissement de crédits aux entreprises pour qu'elles versent des revenus non-dépensés.

On comprend que les entreprises s'endettent toujours plus en crédits. Si elles ne l'acceptaient pas, leurs débouchés diminueraient.

En l'absence d'inflation du temps de Keynes, le seul maintien de la demande effective impliquait que les entreprises demandent et obtiennent des nouveaux crédits. En ce sens la création monétaire était seulement compensatrice de la préférence pour la liquidité. Elle ne correspondait à aucune croissance réelle. Elle n'entraînait aucune inflation. La monnaie créée alimentait la durée de séjour en encaisse accrue; elle n'augmentait pas l'expression nominale des flux réels inchangés.

■ CHAQUE ANNÉE LES ENTREPRISES AUGMENTENT LEURS PRIX POUR ÊTRE RENTABLES

Ce mécanisme aurait permis de satisfaire sans inflation ni croissance, la préférence des ménages pour la liquidité, si on n'avait pas adjoint au système de la monnaie-crédit, le principe de rémunération de la monnaie-crédit.

● L'accumulation des crédits.

Les entreprises sont de plus en plus endettées en crédits. Et elles doivent payer des intérêts sur ces crédits. Elles doivent payer de plus en plus d'intérêts, et ceci même sans croissance.

Cette évolution n'est pas conforme aux principes de rentabilité qui doivent présider aux destinées des entreprises.

D'un certain point de vue on pourrait même se demander si les entreprises ne sont pas engagées dans un mécanisme de type usuraire. Elles s'endettent toujours davantage et payent encore davantage d'intérêts. Ne s'endetteraient-elles pas pour payer les intérêts? C'est un des aspects de la question de savoir si en définitive le crédit peut rémunérer la monnaie.

Keynes a compris d'emblée que le mécanisme du taux d'intérêt sur la monnaie-crédit n'était pas sain. Par les flux d'intérêts débiteurs et créditeurs, les entreprises payent les ménages; ceux qui produisent payent ceux qui consomment.

● Analogie avec la rente.

Les détenteurs d'encaisses liquides ne bénéficieraient-ils pas d'une sorte de rente, assez analogue à celle dénoncée par Ricardo?

Comme certains propriétaires fonciers décrits par Ricardo, les détenteurs de liquidités reçoivent un revenu nominal, en toute inactivité, et sans avoir rien mis réellement de côté au préalable; (en effet, la monnaie créée est créée ex nihilo).

Comme la rente ricardienne qui se nourrit d'inégalités, les intérêts n'existent que par l'inégalité des possessions de monnaie et de crédit. Si chacun détenait autant de liquidités que de crédits, aucun flux d'intérêts n'aurait lieu, quel que soit le taux de l'intérêt...

Comme la rente qui entraîne pour Ricardo la montée de tous les prix de proche en proche, les flux d'intérêts transférés provoquent l'augmentation du niveau général des prix.

Comme la rente qui s'implante et s'amplifie si aucune action ne tente de la supprimer dès son origine, les intérêts transférés augmentent spontanément en nominal si aucune action ne vise à en supprimer le principe.

● Comment demeurer rentable ?

Les entreprises, ou du moins ceux qui les dirigent, sont réalistes. Le raisonnement suivant n'aurait-il pas été tenu? On nous impose d'être endettées; on nous impose de payer des intérêts dits frais financiers; on nous impose d'être rentables. La poursuite de notre activité sera compatible avec toutes ces contraintes, si notre chiffre d'affaires s'accroît, augmentons notre chiffre d'affaires nominal, même sans croissance; augmentons nos prix.

Confusément peut-être, ce raisonnement signifie que les entreprises veulent récupérer sur les ménages ce qu'elles leur versent en quelque sorte indûment.

Keynes avait parfaitement vu qu'en système de monnaie-crédit, la rémunération de la monnaie-crédit aboutissait à une impasse. Il remarquait que le taux d'intérêt sur la monnaie-crédit dissuadait d'emprunter en crédits, et dissuadait l'investissement compensateur de la baisse de consommation. La création de monnaie-crédit satisfaisant la préférence pour la liquidité, n'aurait pas lieu.

A son époque cette crainte était vérifiée.

Et pourtant depuis 30 ans, la création de monnaie-crédit, comme la guerre de Troie de Giraudoux, a quand même eu lieu...

● L'inflation comme remède.

Les entreprises ont compris; elles n'ont pas voulu mourir d'asphyxie par le non-retour intégral des flux de revenus qu'elles versent aux ménages. Elles ont accepté de s'endetter en crédits, de plus en plus. Et pour demeurer rentables au regard de leurs pourvoyeurs de fonds, pour augmenter leurs recettes nominales, elles ont augmenté leurs prix de vente.

Leur endettement accru devenait justifié par leur chiffre d'affaires accru.

Le sur-flux de revenus non dépensés par les ménages était récupéré.

Le remède était trouvé; c'est l'inflation.

Récapitulons l'enchaînement infernal.

L'allongement de la durée de séjour en encaisse implique un certain flux de revenus non dépensés par les ménages. Si le principe de la monnaie-crédit rémunérée existe, le flux de transfert que constituent les intérêts, alimente notamment l'augmentation d'encaisse des ménages. Et par ailleurs les entreprises devant justifier de leur rentabilité pour obtenir des crédits accrus, elles tentent de récupérer un flux sur les ménages, en augmentant leurs prix.

La poursuite entre taux d'intérêt et taux d'inflation commence.

● Taux et assiette des intérêts diffèrent des taux et assiette de l'inflation.

L'« assiette » respective des deux taux est très différente : « stock » de liquidités des ménages non assumées par eux en crédits d'une part, et « flux » d'achats des ménages aux entreprises d'autre part.

Par ailleurs le « taux » d'intérêt à considérer est le taux net moyen débiteur ou créditeur, compte tenu de l'imputation des frais de fonctionnement des institutions financières telle qu'elle devrait être.

Ces énoncés rappellent le caractère bizarre du phénomène de la rémunération de la monnaie-crédit.

Le taux d'intérêt constitue des « flux » (montants d'intérêts créditeurs et débiteurs). Il s'applique et se calcule sur des « stocks » (monnaie et crédit).

Le taux d'inflation s'applique et se calcule sur des « flux » (de quantités physiques et de monnaie comparées). Il exprime la dépréciation de « stocks » (monnaie et crédit).

A l'hétérogénéité constituant l'impulsion, correspond une hétérogénéité autre pour la réponse.

● UN FLUX DE RÉMUNÉRATION ET UN CONTRE-FLUX DE RÉCUPÉRATION.

L'intérêt signifie que le crédit devrait rémunérer la monnaie. En réalité il est impossible que le crédit rémunère la monnaie.

Le crédit rémunère nominalement la monnaie. Ce sont les apparences.

L'inflation signifie que la monnaie rémunère apparemment le crédit. En réalité il est anormal que la monnaie rémunère le crédit.

Des apparences contraires rétablissent les réalités respectives des deux stocks, monnaie et crédit.

Mais au passage, les apparences contrariées laissent des traces irréversibles sur les flux. L'expression monétaire nominale de chaque quantité physique est marquée de façon indélébile. Les prix qui ont augmenté ne rebaisseront jamais.

On ne joue pas impunément sur les stocks de monnaie-crédit sans mettre en cause les flux réels, et leurs flux monétaires en sens contraire.

chapitre 10

LE CAPITAL ET LA FONGIBILITÉ DE LA MONNAIE

En système de monnaie-crédit, le principe de la rémunération de ces encours ne peut pas ne pas apparaître étonnant à la lumière d'une analyse qui s'exerce d'emblée au niveau national.

L'ensemble des détenteurs de liquidités nettes se situe en un point du circuit national de la production-consommation. Et l'ensemble des bénéficiaires de crédits nets se situe en un autre point. Dès lors le flux par lequel le crédit doit rémunérer la monnaie suscite un contre-flux. Ces données de fait actuelles ont fondé notre analyse précédente.

Nous pouvons maintenant nous demander comment et pourquoi on en est arrivé à un tel état de fait.

L'avènement de la monnaie-crédit ne s'est pas réalisé instantanément. Il est le résultat d'une évolution progressive; évolution lente, sur un siècle peut-être; évolution irrégulière et ayant pu subir dans certains pays quelques brefs retours en arrière, comme les efforts de retour à la convertibilité-or tentée en France dans l'entre-deux-guerres; évolution enfin suffisamment mal perçue par les théoriciens, pour que son achèvement définitif depuis quelques dizaines d'années n'ait pas encore été couronné par l'énoncé d'une théorie nouvelle et appropriée.

Ce retard de l'analyse théorique par rapport aux faits explique la montée d'une confusion entre monnaie et capital;

Confusion théorique en termes de principes énoncés; et confusion pratique en termes de terminologies concrètes pour les divers types d'encours existants.

Essayons d'analyser quelques aspects de cette confusion. Pour être plus clair il convient de distinguer l'évolution qui concerne les caractères des encours eux-mêmes, de l'évolution qui concerne la rémunération de ces encours.

Depuis deux siècles on peut dégager les grandes lignes d'une évolution dans les principes mis en pratique.

On assiste à la montée d'une confusion entre les attributs respectifs de la monnaie et du capital.

Le capital financier tend à prendre aujourd'hui un des attributs de la monnaie : la fongibilité.

La monnaie tend à prendre aujourd'hui un des attributs du capital : la rémunération.

■ LA FONGIBILITÉ S'EST AFFIRMÉE COMME UN DES ATTRIBUTS DE LA MONNAIE

La monnaie-crédit actuelle a pour attribut la fongibilité. La monnaie métallique ancienne n'avait qu'une fongibilité imparfaite. Nous avons en chapitre 7 précisé le caractère actuel de la monnaie-crédit. Le passage entre types d'encours de liquidités est nominalement assuré : c'est le caractère de fongibilité. Notons que cette caractéristique est relativement nouvelle et s'est trouvée liée à l'avènement définitif de la monnaie-crédit.

● La fongibilité imparfaite de la monnaie métallique.

Lorsque régnait la monnaie métallique à laquelle s'est adjointe la monnaie dite fiduciaire en billets, la loi de Gresham pouvait être énoncée; la mauvaise monnaie (dont chacun ne désire pas constituer son encaisse) chasse la bonne (que personne de sensé ne présente en paiement et conserve dans son encaisse). En effet le cours d'un type de monnaie par rapport à celui d'un autre type pouvait varier. Le libellé nominal n'était pas assuré dans le passage de l'un à l'autre.

Disons que la fongibilité de la monnaie n'était pas réalisée dans sa perfection.

Les liquidités actuellement en circulation dans chaque nation ont acquis aujourd'hui cette nouvelle qualité d'être parfaitement fongibles entre elles.

La fongibilité est un attribut récent de la monnaie; c'est un des attributs de la monnaie-crédit.

● La spécificité de la monnaie métallique par rapport aux biens produits.

A. Smith avait très bien défini l'argent, au sens générique de monnaie. L'argent qui sert aux paiements dans les échanges constitue « la grande roue de la circulation ». Il doit être distingué des biens réels qui sont échangés.

Son analyse est particulièrement lucide, car à son époque, l'argent par ses formes métalliques était au moment de sa création un bien réel qu'il fallait produire comme tout autre bien réel. Une confusion était possible entre les biens réels produits, consommés et reproduits, et l'argent bien réel produit mais non consommé par son usage en paiements.

A. Smith a remarquablement évité cette confusion. L'argent, s'il a dû être produit à sa mise en service, n'est plus un bien dès lors qu'il fait partie de la « grande roue de la circulation »; non-détruit par son usage, non-consommé donc, il n'a plus à être reproduit.

● Le prêt d'argent.

Le prêt d'argent se définit pour Adam Smith comme la mise à disposition de l'emprunteur, d'une somme d'argent, et par l'abandon simultané par le prêteur de cette somme d'argent.

Au bout de la durée du prêt le remboursement s'effectue. L'emprunteur remet au prêteur une somme d'argent égale à celle prêtée; ce qui signifie qu'il se dessaisit de la somme d'argent qu'il rembourse.

Il y a eu déplacement d'argent au moment de l'ouverture du prêt, et au moment de la restitution. Pendant le prêt, les possesseurs de cet argent prêté ont permuté; le prêteur ne le possédait plus, car c'était l'emprunteur qui le possédait à sa place.

De la monnaie métallique à la monnaie-crédit le mécanisme est demeuré le même.

Entre agents non-financiers, il ne peut être que « l'abandon de la liquidité » par l'un en faveur d'un autre.

Le prêt d'argent par une institution financière, à un agent non-financier, est devenu au contraire une création ex nihilo. Le crédit crée la monnaie. La monnaie circule entre agents non-financiers. Les crédits aux uns, font les dépôts des autres.

● La spécificité de la monnaie-crédit par rapport aux biens produits, et sa fongibilité parfaite.

Avec l'avènement de la monnaie-crédit, son caractère spécifique d'être un non-produit, devait être rappelé.

Keynes l'a reprécisé en son chapitre 17. Contrairement à n'importe quel bien que des entreprises peuvent produire si une demande se présente, les liquidités que les ménages veulent détenir en encaisse ne peuvent pas être produites par les entreprises.

Certes des entreprises bancaires existent. Mais le caractère de fongibilité que les liquidités doivent intrinsèquement présenter, ne relève pas du domaine d'une ou de quelques banques. Posséder un type de liquidités, c'est pouvoir posséder à sa place n'importe quel autre type de liquidités. Chaque banque, chaque institution financière ne peut assurer cette fongibilité parfaite sans faire partie d'un ensemble institutionnalisé qui organise notamment chaque jour les transferts entre elles de crédits que l'exercice de la fongibilité par les agents non-financiers peut entraîner. En l'absence de « marché monétaire » le système monétaire national ne pourrait pas fonctionner rappelons-le; ou bien les dépôts ne seraient plus égaux à des crédits au bilan de chaque institution; ou bien les dépôts ne pourraient plus circuler librement entre agents non-financiers.

La monnaie pour être fongible, est « nomisma », « d'institution ». Depuis Aristote les modalités institutionnelles de la monnaie se sont complexifiées, mais elle ne relève toujours pas plus du domaine des entreprises. Sa fongibilité l'exclut des biens produits et consommés.

■ LA PERPÉTUITÉ DE L'ENGAGEMENT CARACTÉRISE LES FONDS QUI ACHÈTENT LES CAPITAUX RÉELS.

Le capital correspondait, du temps de Smith et de Ricardo, à un engagement de fonds à perpétuité, tout à fait distinct du renouvellement perpétuel à l'identique.

● L'engagement de fonds en phase de production initiale.

Pour créer une entreprise (une ferme, un atelier, une manufacture, un commerce), il faut de l'argent. En effet la création ou l'extension d'une entreprise ne s'effectue pas instantanément. Il s'écoule une certaine période pendant laquelle il faut dépenser sans percevoir de recettes.

Cette période d'installation peut durer de quelques mois à une ou deux années, suivant les exemples concrets fournis par Ricardo par exemple. Pendant cette période il faut payer des salaires, des fournitures diverses, voire construire soi-même des machines qui ne sont en vente nulle part, comme dans l'exemple du fabricant de cotonnades donné par Ricardo.

Pendant que se fabrique ainsi la première production qui pourra être vendue, l'entreprise fonctionne par des dépenses, sans avoir encore de recettes. Intitulons en résumé cette période d'installation : phase initiale de dépenses sans recettes. Les dépenses sont couvertes par un apport de fonds.

Arrivés en argent, ces fonds deviennent par ces dépenses, « les capitaux engagés » suivant l'expression de Ricardo. L'argent apporté n'est plus là, à la fin de la période d'installation; mais sont là à sa place, les stocks de roulement de matières premières, les machines, et le premier produit fabriqué en l'état où il va pouvoir être vendu.

● Le prix de renouvellement en phase de reproduction à l'identique.

La phase d'installation s'achève, la phase d'exploitation ou fonctionnement répétitif à l'identique commence. Les recettes sur le produit vendu couvrent les dépenses. C'est la phase de renouvellement perpétuel à l'identique où recettes et dépenses sont égales.

Comme Ricardo l'a clairement précisé, le prix auquel le produit est vendu correspond par définition à tous les coûts de renouvellement qui sont maintenant nécessaires en phase de reproductions répetées.

Le prix est « tous coûts compris, profits inclus ». Il couvre les salaires, le renouvellement à l'identique des biens de production durables et non-durables, et les profits qui rémunèrent celui qui emploie tous ces capitaux réels, en proportion du montant de ces capitaux, c'est-à-dire en pourcentage annuel des fonds qui ont été engagés dans la période initiale d'installation.

● Disparité des fréquences de renouvellement.

Chacune de ces dépenses s'effectue à la fréquence qui lui convient. Le renouvellement des biens durables de production ou capitaux réels « fixes et persistants » est évidemment beaucoup moins fréquent que celui des biens non-durables de production ou capitaux réels « circulants et périssables ». Et suivant la proportion entre biens de production plus durables et moins durables, à un même montant de « fonds engagés » en phase initiale, peuvent correspondre des « prix » de produits très différents en phase de leurs renouvellements respectifs à l'identique. Ricardo a énoncé cet état de fait et l'a illustré par des exemples chiffrés très clairs.

● Disparité des prix de renouvellement pour des montants égaux de fonds engagés.

Avec un même montant de fonds de 10 000 £ engagés dans deux manufactures différentes, un manufacturier vendra les produits de son industrie à 10 000 £ par an (8 000 £ de renouvellement et 2 000 £ de profits à 20 %), et un autre manufacturier vendra les siens à 4 000 £ par an (2 000 £ de renouvellement seulement car les biens de production y étant plus durables le renouvellement est moins fréquent, et 2 000 £ de profit à 20 % comme le précédent).

Pour une même dépense initiale sans recettes, la fréquence de renouvellement des biens de production module « considérablement » le prix de reproduction de marchandises différentes.

■ LES CAPITAUX ONT ACQUIS UN CARACTÈRE DE NÉGOCIABILITÉ

Ces fonds engagés initialement et indépendamment du renouvellement en reproduction à l'identique sont-ils récupérables? Que faut-il entendre par retour des capitaux?

La quasi-perpétuité des renouvellements futurs implique-t-elle aussi la quasi-perpétuité de l'engagement initial?

● Un horizon d'engagement à très long terme.

Les entreprises créées du temps de Ricardo (comme du nôtre) ne précisaient généralement pas le terme de cessation de leur activité. A. Smith définissait l'épargne comme la création d'atelier pour l'entretien à perpétuité d'ouvriers productifs.

On retrouve dans ce sens les remarques de deux auteurs plus récents. Pour Schumpeter l'éthique capitaliste enjoignait à l'entrepreneur de créer pour l'avenir, qu'il soit destiné ou non à engranger personnellement la récolte (au figuré suivant son expression).

De même pour Keynes l'esprit d'entreprise s'oppose à l'esprit de spéculation en ce sens qu'il inscrit son projet dans une perspective dont l'horizon est à très long terme.

Cela signifie que le prix de renouvellement n'incorpore pas en principe un plan de récupération de la mise de fonds initiale.

Disons-le plus clairement, l'engagement initial de fonds pouvait apparaître comme une mise de fonds, quasiment à fonds perdus.

● Désengager les fonds c'est liquider l'entreprise.

A la phase initiale de création et d'engagement de fonds pour couvrir les dépenses sans recettes, correspond-il une phase ultime d'extinction et de désengagement des fonds par des recettes sans dépenses? En théorie une situation symétrique de l'installation pourrait sans doute être envisagée en fin d'exploitation pour l'extinction de l'activité de l'entreprise.

Mais les économistes ne se sont pas appesantis sur cette phase de disparition de l'entreprise qui consisterait en la vente du dernier produit fabriqué, après cessation des dépenses de renouvellement.

Ce qui n'est pas douteux c'est que la vente ou le non-renouvellement des biens de production sont liés à la disparition de l'entreprise. Rendre liquides les fonds engagés en capitaux réels, c'est provoquer la liquidation de l'entreprise.

● L'apport personnel des fonds engagés.

L'apport initial de fonds pour installer les capitaux réels engagés était constitué essentiellement du temps de Smith et de Ricardo, d'apports personnels. Les fonds étaient surtout des fonds personnels; les fonds empruntés (par opération de prêt d'argent) ne constituaient qu'un appoint.

La possession des capitaux réels en phase d'exploitation n'était pratiquement pas dissociée de la possession antérieure et momentanée de l'argent qui avait permis de les acheter en phase d'installation. Pour un même individu, la propriété des biens de production s'était substituée à la propriété de l'argent qui les avait achetés.

Il y avait identité dans le temps entre la personne d'abord apporteur de fonds, et ensuite propriétaire de l'entreprise et employeur de ses capitaux réels.

● La substitution entre personnes apporteurs de fonds.

Mais pour diverses raisons qu'il n'y a pas lieu d'évoquer ici cette unicité de personne a été progressivement remplacée pour une partie des entreprises, par une dualité voire une pluralité de personnes.

Le créateur de l'entreprise qui avait été l'apporteur initial de fonds, pouvait se dégager et retirer ses fonds sans liquider l'entreprise. Il suffisait qu'il trouve une personne se substituant à lui; contre argent liquide représentant en principe la récupération de la mise initiale, il lui cédait la propriété des biens de production et la charge de les employer.

Par substitution des personnes apporteurs de fonds, le retour des fonds avancés pouvait s'effectuer sans liquidation de l'entreprise. Dans cette opération le montant de l'avance n'était pas nominalement garanti comme pouvant être récupéré par la suite.

■ LA NÉGOCIABILITÉ TEND-ELLE A SE RAPPROCHER DE LA FONGIBILITÉ?

La substitution entre individus apporteurs de fonds allait bien au-delà d'une commodité pratique. Elle impliquait des conséquences fondamentales dans les réalités économiques.

● L'existence d'un titre de créance échangeable.

L'échange de propriétaires impliquait l'existence d'un titre de propriété. Il n'y a pas lieu ici d'en examiner les modalités juridiques. Mais en termes d'analyse économique on peut se demander si l'existence de ce type particulier de créance n'a pas provoqué peu à peu une sorte de duplication du capital. La représentation financière des capitaux réels s'est détachée de plus en plus des capitaux réels. Son autonomie de plus en plus affirmée par sa négociabilité propre, n'a-t-elle pas entraîné à croire que son existence pouvait être détachée de l'existence même des capitaux réels? A la limite, les possesseurs de ce type de créance ne l'assimileraient-ils pas à une extension des formes actuelles de monnaie dématérialisée?

● La bourse aménage la négociabilité.

L'instauration d'une bourse des valeurs mobilières puis le perfectionnement de son organisation ont transformé le caractère de négociabilité.

L'anonymat des apporteurs de fonds a été rendu possible avec les actions au porteur. Des grandes sociétés ne connaissent plus tous leurs actionnaires.

Puis l'organisation de SICAV a permis récemment un certain anonymat des entreprises, dont les détenteurs de SICAV possèdent les actions.

Le contrôle des opérations de bourse par des organismes ad hoc permet un fonctionnement plus harmonieux du marché. Toutes ces améliorations ne vont-elles pas dans le sens d'une atténuation des risques individuels de très mauvais placements?

Allons plus loin, ne sont-elles pas l'ébauche d'une certaine intermédiation entre détenteurs de titres d'une part, et entreprises propriétaires de leurs biens de production d'autre part? Certes l'intermédiation n'est pas encore institutionnalisée comme l'est le système monétaire national. Mais un certain rapprochement commence à se faire jour.

● Les valeurs mobilières deviennent-elles une forme d'encaisse pour les ménages?

Du côté des détenteurs de titres, l'assimilation est peut-être déjà faite. Quelle différence de nature peut-il exister aux yeux de leurs détenteurs, entre un bon du Trésor à 5 ans (qui fait partie des liquidités) et une obligation sur l'État à 10 ans? La certitude du remboursement nominal à l'échéance n'est pas fondamentalement différente dans les deux cas. S'il s'agit d'obligations émises par des grands organismes financiers (parfois nationalisés) l'incertitude n'est pas beaucoup plus grande. S'il s'agit d'un groupement de grandes entreprises privées, non plus.

Alors l'incertitude du montant nominal détenu, caractéristique de la négociabilité par rapport à la liquidité, s'estompe. En ce qui concerne même les actions, les SICAV permettent d'atténuer ce risque dans la mesure où un certain quota de détention d'obligations leur est imposé.

● Le clivage entre monnaie et capital financier s'estompe.

Un brouillard s'élève sur la frontière entre monnaie et capital financier.

Il est probable que le développement de la Bourse a correspondu à la nécessité pour les ménages de constituer une encaisse de report de consommation à long ou très long terme, nécessité liée notamment à l'allongement de la durée de vie humaine.

Puis l'instauration de systèmes de retraites par répartition et non plus par capitalisation, a pu répondre à cette nécessité accrue, sans passer par la Bourse.

Le lien personnel entre apporteur de fonds et employeur des biens de production ayant été rompu, le capital financier négociable en bourse s'est rapproché de la monnaie; il subit aussi sa concurrence, au regard de ses détenteurs.

La Bourse devait-elle être l'apothéose du système capitaliste en créant des titres impersonnels et négociables? Ne s'avère-t-elle pas plutôt un des mécanismes de sa décadence?

Nous allons en trouver une confirmation dans l'analyse de la rémunération du capital aujourd'hui.

chapitre 11

LA MONNAIE ET LA RÉMUNÉRATION DU CAPITAL

La rémunération du capital financier n'est plus dissociée de celle de la monnaie ni en principe ni en pratique.

■ LA RÉMUNÉRATION DU CAPITAL EST-ELLE AUJOURD'HUI DISSOCIÉE PAR PRINCIPE DE LA RÉMUNÉRATION DE LA MONNAIE?

● Extension de l'attribut de fongibilité.

La montée récente d'une confusion entre titres (ou droits financiers) monétaires et non-monétaires concerne l'attribut de fongibilité; c'est-à-dire la certitude du montant nominal de la créance, ou encore la possibilité de passage d'un type de créance à un autre sans modification de son libellé nominal. Nous venons de voir que les titres représentatifs de capital financier constituaient aujourd'hui toute une gamme s'échelonnant des éléments de quasi-monnaie jusqu'aux valeurs mobilières dites à revenu variable (les actions), en passant par les valeurs mobilières à revenu fixe (les obligations) sur l'État, sur une institution financière, sur un groupement d'entreprises, ou sur une entreprise.

Le caractère de fongibilité ne s'estompe que graduellement en parcourant cette gamme de titres.

● Extension symétrique de l'attribut de rémunération.

Dès lors une interrogation symétrique apparaît concernant la rémunération.

Le capital financier tente de prendre l'attribut de la monnaie, à savoir la fongibilité. La monnaie tente de prendre l'attribut du capital financier, à savoir la rémunération.

Le clivage entre monnaie et fonds engagés était très net du temps de Smith et de Ricardo. Il correspondait à une opposition manifeste entre monnaie et capital financier. L'expression financière des capitaux réels ou biens durables et non-durables de production ne pouvait pas être confondue en principe avec les éléments de la masse monétaire constituant « la grande roue de la circulation » indépendante des biens réels qu'elle permettait de faire circuler.

● La confusion entre monnaie et capital financier quant à leurs attributs.

Les pratiques financières et monétaires ont progressivement, au cours d'une évolution historique dont il n'y a pas lieu de traiter ici, transformé ce clivage très net, en une large zone d'imprécisions. A une frontière entre monnaie et capital financier, s'est substituée aujourd'hui toute une gamme, toute une graduation dans laquelle il n'est pas possible de définir sans arbitraire une sorte de ligne de partage des eaux, qui distinguerait d'un côté les éléments de la monnaie, et de l'autre les éléments du capital financier.

A l'indétermination de la frontière en ce qui concerne l'attribut de fongibilité, correspond une indétermination de la frontière en ce qui concerne l'attribut de rémunération.

● L'attribut de fongibilité et l'attribut de rémunération ne seraient-ils pas incompatibles?

Pour les liquidités et les valeurs mobilières négociables la notion de rémunération s'est transformée. Elle s'est diluée, jusqu'à parfois se confondre avec un mécanisme imparfait de garantie du pouvoir d'achat du placement.

Le maintien de la valeur réelle de la mise ne correspond pas à une rémunération réelle... Il évite seulement une rémunération négative. C'est une rémunération réelle quasi-nulle qui est en réalité dissimulée par une rémunération nominale proclamée et illusoire.

■ LA RÉMUNÉRATION DU CAPITAL FINANCIER EST-ELLE AUJOURD'HUI DISSOCIABLE EN PRATIQUE DE LA RÉMUNÉRATION DE LA MONNAIE?

● La rémunération des liquidités.

Rappelons que pour certains éléments de liquidités on proclame le principe de leur rémunération. Rappelons aussi que cette rémunération nominale pratiquée s'avère une rémunération illusoire dès lors que le taux d'inflation qui déprécie le montant nominal possédé, atteint et même dépasse en fait le taux proclamé de rémunération nominale.

La même ambiguïté concernant la rémunération règne sur les droits financiers autres que les liquidités.

● La rémunération des obligations.

Pour les obligations, les variations de leur cours en bourse, en achat-vente entre particuliers avant le terme de leurs remboursements par leurs émetteurs, dépendent aujourd'hui peut-être autant des variations du taux d'inflation que des variations du taux d'intérêt d'émission. A posteriori c'est par comparaison entre taux d'intérêt obligataire et taux d'inflation que peut s'apprécier la rémunération réelle des obligations.

● La rémunération des actions.

Pour les actions, le mode de calcul de leur taux de rendement est généralement détaché de leur valeur nominale d'émission. Aucune valeur de remboursement par l'émetteur n'est précisée, le principe même du remboursement n'étant même pas posé.

En pratique le système boursier implique pour les valeurs négociables que le souscripteur n'est pas le seul acheteur. L'acheteur est aussi et surtout un détenteur de portefeuille qui apprécie continûment le rapport entre d'une part sa « mise » au moment de l'achat d'actions déjà émises et revendues, et d'autre part l'espoir de bénéfices distribués et de plus-values sur le cours pour ces mêmes actions.

Les « mises » continuelles en achats d'occasion construisent les cours quotidiens et s'articulent avec eux.

● La signification du « price earning ratio ».

Le « price earning ratio » est le « cours » rapporté au « bénéfice net d'amortissement et d'impôts ».

Il exprime en quelque sorte le nombre d'années sur lequel le cumul de ce bénéfice (tel qu'il existe à ce moment et s'il se poursuivait de même) deviendrait équivalent à la mise. Comme si les distributions de bénéfice, et les plus-values sur le cours à espérer compte tenu des bénéfices non-distribués, devaient permettre de « récupérer la mise », en plusieurs années; ce nombre d'années évolue aux environs de 5 à 20 ans suivant les entreprises et la conjoncture.

Ce mode de calcul assez pratiqué reflète moins une complexité du système, que le caractère du placement boursier.

C'est un mode de report de consommation qui implique l'abandon de la certitude du montant nominal de la mise; mais qui permet de surveiller constamment sa valeur réelle, compte tenu notamment de l'inflation.

La rémunération versée par l'émetteur devient une des composantes du cours lui-même. Elle tend du moins sur le long terme, à devenir la justification du cours. Là aussi dans une certaine mesure, la rémunération perd sa signification propre de rémunération, pour une signification de valeur réelle de récupération de la mise.

■ LA RÉMUNÉRATION DU CAPITAL FINANCIER EST-ELLE AUJOURD'HUI DISSOCIABLE DU COÛT DU CRÉDIT?

L'avènement du système actuel de monnaie-crédit oblige à raisonner non seulement sur la monnaie, mais aussi sur le crédit.

Une confusion entre capital financier et monnaie s'est établie en ce qui concerne leurs attributs respectifs, du côté de leurs détenteurs. Une confusion symétrique apparaît-elle du côté de leurs débiteurs?

● Un clivage théorique apparent.

Les entreprises ont aujourd'hui au passif de leur bilan, plusieurs types d'éléments qu'elles doivent rémunérer suivant les principes en vigueur : capital social souscrit, obligations émises et encours de crédits.

La rémunération ne se présente pas de la même façon pour ces différents postes. Le versement d'intérêts obligataires et d'intérêts sur les crédits s'intitule frais financiers, tandis que la rémunération du capital social apparaît comme une distribution d'un solde bénéficiaire.

Un certain clivage semble donc exister entre d'une part une rémunération dont le versement s'impose à l'entreprise, et d'autre part une rémunération qu'elle ne serait pas obligée de verser.

● Un clivage théorique praticable?

A ce clivage théorique correspond-il un clivage pratique?

L'entreprise peut-elle négliger de rémunérer le capital social, ou du moins de le rémunérer à un taux moindre que les taux d'intérêts qu'elle doit verser?

Dans la mesure où les personnes qui sont actionnaires ne sont pas toujours les mêmes que celles qui gèrent l'entreprise et proposent l'attribution des bénéfices, la question peut se poser en pratique.

Et des dépenses en équipements liées à la constitution de réserves, peuvent être préférées à une distribution des bénéfices.

On tente de justifier auprès des actionnaires le très faible rendement de leurs capitaux financiers, en leur expliquant que la valeur de l'actif de l'entreprise s'accroît.

● Une alternative illusoire.

Cette attitude est-elle longtemps praticable? Nous venons de voir que du côté des détenteurs de droits financiers une gamme de placements était offerte, et notamment des droits à montant nominal de remboursement certain. Par ailleurs le cours des actions n'est nullement indépendant à long terme des montants de bénéfices distribués.

Alors une telle attitude aboutit globalement à terme, à tarir la source de capitaux frais souscrits en actions.

A plus court terme et pour certaines entreprises une telle attitude peut aussi provoquer le renvoi de l'équipe dirigeante par un changement dans la composition des actionnaires; une prise de contrôle est facilitée par un cours particulièrement bas des actions.

● Interférence des rémunérations.

Le caractère de négociabilité des actions ne permet pas de dissocier la rémunération des capitaux financiers de celle du crédit. Chaque entreprise peut être tentée de rémunérer moins ses actionnaires que ses créanciers. Si toutes les entreprises suivent la même politique, le risque de prise de contrôle s'atténue; car tous les cours deviennent faibles.

Mais une situation globale en découle : le financement en capitaux propres s'amenuise; les apporteurs d'argent frais se dérobent.

On y supplée par des crédits dont l'importance s'amplifie. Ce qui oblige les entreprises à verser des montants accrus d'intérêts...

Le principe de rémunération de la monnaie-crédit et celui de rémunération des capitaux financiers sont devenus en pratique indissociables.

chapitre 12

POURQUOI LA MONÉTISATION DU CAPITAL ET LA CAPITALISATION DE LA MONNAIE?

La montée progressive d'une confusion entre les attributs respectifs de la monnaie et du capital financier représente une complexification telle qu'on peut s'interroger sur les raisons qui l'ont provoquée. Certes elle a été rendue possible par l'avènement de la monnaie-crédit. Mais par ailleurs cette confusion n'était-elle pas devenue souhaitable?

Plus l'image financière de capitaux réels s'est affirmée jusqu'à pouvoir s'en détacher, plus la rémunération d'activité en proportion des capitaux réels est devenue une rémunération des capitaux financiers eux-mêmes.

Et moins le prélèvement sur le produit du travail que cette rémunération représente, est devenu explicite.

■ UNE AMBIGUÏTÉ FONDAMENTALE QUANT A LA RÉMUNÉRATION DU CAPITAL

● Deux énoncés-limites de la rémunération liée au capital.

Les argumentations qui fondent l'existence de la rémunération du capital oscillent entre deux références.

Elles peuvent se référer d'une part à la définition originaire et complexe des profits posée par Adam Smith et reprise par Ricardo. Les profits sont la rémunération des individus qui emploient les capitaux réels, leur rémunération étant proportionnelle aux capitaux engagés, pour les inciter à décider de l'augmentation relative des biens de production durables ou non, nécessairement liée à la multiplication des produits par subdivision des activités.

Elles peuvent se référer d'autre part à la définition ultérieure et simplifiée qui s'inscrit dans la lignée de Say, de Walras et des Néo-classiques. Les profits, comme l'intérêt et la rente-fermage, sont la rémunération d'un titre de propriété, propriété de capitaux mobiliers, de capitaux liquides, ou de terrains. C'est la possession du titre juridique que constituent des valeurs mobilières ou immobilières, qui donne droit à une rémunération à cadence au moins annuelle.

● Des différences essentielles entre ces deux énoncés.

Ces deux énoncés extrêmes de la rémunération liée au capital sont assez différents.

Le premier énoncé définit la rémunération d'un individu dont la personnalité est bien définissable.

Le deuxième énoncé définit la rémunération d'un titre impersonnel, c'est-à-dire indépendamment de la personnalité de son détenteur.

Le premier explicite une contrepartie précise à la rémunération versée : c'est l'exercice effectif d'une prestation d'activité individuelle.

Le deuxième énoncé ne fait qu'impliquer l'existence éventuelle de contreparties dont la nature n'est pas précisée.

Le premier énoncé est parfaitement compatible avec un principe de non-rémunération de la monnaie.

Le deuxième énoncé entraîne, en pratique et en théorie, l'énoncé du principe de rémunération de la monnaie.

● L'explicitation initiale des profits d'activité personnelle.

Le prélèvement sur le travail salarié par les profits a été analysé par Smith. Le produit du travail de l'ouvrier ne lui appartient pas tout entier; on en déduit la rente et les profits (chapitre 8, page 89, opus cité).

Le prélèvement a été de même reconnu par Ricardo. Le travail incorporé dans un produit permet d'acheter plus de travail qu'il n'en contient; car le travail n'est pas payé pour tout le travail qu'il fournit (chapitre 1, section I, opus cité).

Puis Marx vint brutalement dénoncer : « le rapport monétaire dissimule le travail gratuit du salarié pour son capitaliste » (chapitre 19, opus cité, p. 388).

● Des profits résiduels?

Depuis cette dénonciation de Marx le problème s'est envenimé. Une certaine dissimulation des profits ne devenait-elle pas opportune?

D'une part au plan théorique le prélèvement sur le produit du travail ne semble plus du tout évoqué par le néo-classicisme; et c'est sans doute pour ne plus l'évoquer, que toute référence à la valeur-travail en est exclue.

D'autre part au plan pratique il semble que le mode implicite de prélèvement, l'emporte sur le mode explicite. Par exemple les comptes d'exploitation ne font apparaître aucune distribution de profits; comme si après avoir rétribué les fournisseurs, les salariés et les administrations, il restait un solde positif, prélevé sur personne, et qui pourrait donc être attribué sans léser quiconque. Cette présentation que le système comptable a formalisé suggère ainsi l'existence d'un type de revenu dit « résiduel ». Alors que pour Smith, c'étaient les salaires qui apparaissaient comme un solde après déductions des autres revenus. Pour Ricardo le « produit net » (profits et rentes) est net des salaires; mais ce n'est pas un solde qui pourrait subir des aléas tels qu'il deviendrait parfois négatif...; il n'est pas plus possible au fermier de vivre sans profits qu'à l'ouvrier de vivre sans salaire; il est exclu que les profits deviennent trop faibles.

● Un voile comptable.

Le caractère arbitraire de la présentation comptable actuelle apparaît si l'on prend la peine de noter que chaque année pour l'ensemble des entreprises, la totalité de leurs dépenses, distribution de bénéfices incluse, dépasse la totalité de leurs recettes... Ce solde, entre montants monétaires sortis et montants monétaires reçus dans l'année, est leur « besoin de financement » en termes de comptabilité nationale; c'est l'augmentation de leurs dettes à leur passif (supérieure à l'augmentation de leurs créances à leur actif) qui comble ce solde... négatif.

Comme dans les balances nationales de paiements, les conventions comptables permettent toujours de situer une « ligne » en deçà de laquelle on trouve des soldes, et au-delà de laquelle les signes s'inversent... Suivant la « position de la ligne » les soldes peuvent être de montants différents et de signes différents.

● L'arbitraire des définitions fiscales.

Dans le système comptable actuel ratifié par ailleurs par le système fiscal, la rémunération de la monnaie-crédit est une charge d'exploitation pour les entreprises. Les intérêts versés y compris les intérêts obligataires, sont des frais financiers, déductibles des bénéfices.

Mais la rétribution des actionnaires fait partie du solde bénéficiaire, qui est imposable comme bénéfice des sociétés; encore que le système français de l'avoir fiscal permette d'éviter que cette imposition s'ajoute à celle de l'impôt sur le revenu des personnes.

Le solde bénéficiaire au sens fiscal correspond alors notamment au financement de la croissance des entreprises.

Rappelons que les amortissements du point de vue de l'analyse économique représentent l'achat de biens durables de production dont la fréquence de renouvellement est longue. L'achat de biens de production correspondant à l'extension ou la création d'entreprises n'est pas alimenté en fait par des recettes d'exploitation, mais par l'arrivée d'argent frais qui pour sa plus grande partie provient ex nihilo de nouveaux crédits.

Ainsi les soldes bénéficiaires non distribués ne sont souvent que les traces comptables qu'entraîne indirectement l'endettement accru des entreprises...

■ UNE RÉIFICATION DU CAPITAL FINANCIER?

● Une confusion entre plus-values sur encours, et flux de rémunération d'un encours?

Par définition la monnaie interne à une nation n'est exprimée que nominalement. Il n'est donc pas question que ses encours puissent faire ressortir une « plus-value », au sens de valeur monétaire échangeable, qui deviendrait supérieure à son expression nominale initiale. En liquidités, un franc demeure toujours un franc.

Au contraire la valeur monétaire échangeable de valeurs mobilières peut varier. Les plus-values ou moins-values que leur revente peut faire apparaître ne pourraient-elles pas être dissociées du principe de leur rémunération régulière (qu'elle soit elle-même fixe ou variable)?

● La cotation d'un élément réel.

C'est peut-être ici que réside une confusion fondamentale. Comme tout bien réel, un actif financier non-liquide, peut être apprécié, lorsqu'il fait l'objet d'un échange entre individus, en un nombre variable d'unités monétaires.

L'éventualité d'appréciations ou de dépréciations n'est pas son apanage. Tout objet d'art, toute pièce ou lingot d'or, tout titre de propriété immobilière, subit aussi cette éventualité.

Ce n'est pas cet aspect sur lequel nous nous interrogeons ici. Le problème qu'il nous semble nécessaire d'évoquer est celui du principe de rémunération, qui est sur-ajouté au principe d'évaluation. Ni l'or ni l'objet d'art ne possède l'attribut de rémunération; ni d'ailleurs la monnaie métallique antérieurement, ni les billets aujourd'hui.

● Cotation de l'encours financier ou de sa rémunération ?

Que signifie alors le principe de rémunération de la « représentation financière » des biens de production? Si la détention d'un actif financier non-liquide n'implique aucune participation effective chaque jour ouvrable à l'activité de l'entreprise qui emploie ces biens de production, quelle est la signification économique d'une rémunération régulière, indépendamment de la cotation de cet actif?

La question mérite d'être posée aujourd'hui car les pratiques actuelles ont créé une confusion qui empêche que cet aspect apparaisse clairement.

● La cotation de l'encours est liée à sa rémunération.

Comme nous l'avons rappelé au chapitre précédent, l'organisation de la négociabilité des actifs financiers en Bourse aboutit à relier, de façon plus ou moins nette, la cotation à la rémunération.

Cette pratique signifie qu'à la cotation de la valeur des biens de production représentés, se surajoute la cotation de la rémunération versée annuellement. Ainsi l'actif financier non-liquide n'est plus seulement la représentation financière des biens de production que les fonds apportés ont permis d'engager; il est aussi un élément en lui-même, un titre qui tire sa valeur monétaire d'échange, du « droit à rémunération » qu'il constitue.

● L'image financière du capital réel devient un élément réel.

Cette pratique signifie une sorte de « réification », c'est-à-dire d'apparition d'une « chose » ayant un prix d'échange par elle-même.

C'est alors une sorte de duplication du capital. Le capital réel (biens de production) est un élément dont la cotation existe. Et le capital financier (actif financier non-liquide) est un autre élément dont la cotation existe par ailleurs.

L'image financière du capital réel, n'était pour l'économie politique originaire, qu'une image. Les pratiques financières contemporaines ont donné corps à cette image; elle est devenue elle-même un élément réel.

Et le principe de rémunération des capitaux financiers, postulé par l'économie politique simplifiée, vient apparemment ratifier en théorie, la duplication créée par la pratique.

■ LA RÉMUNÉRATION DU CAPITAL EST-ELLE DISSIMULÉE PAR CELLE DE LA MONNAIE ?

● Une montée progressive d'une dissimulation ?

La rémunération de la monnaie s'est instaurée progressivement au XXe siècle par la conjonction de plusieurs circonstances.

Nous avons vu que le fait de la rémunération nominale de la monnaie a été rendu apparemment possible par la transformation de nature de la monnaie.

Nous avons vu aussi que les conséquences malsaines de la rémunération de la monnaie ont été rendues supportables par l'apparition de l'inflation. En toute lucidité on pourrait se poser alors les questions suivantes.

Le postulat théorique de la rémunération de la monnaie est-il apparu lui-même souhaitable pour démocratiser le principe de rémunération appliquée à l'image financière des capitaux réels, sans contrepartie de prestation réelle d'activité? Cela signifierait-il qu'en réplique à la critique de Marx qui dénonçait l'existence de quelques « capitalistes », on ait répliqué en transformant tout détenteur de liquidités autres que billets et comptes de chèques, en propriétaire d'un « capital qui rapporte », presque tout le monde devenant ainsi « capitaliste »?

D'apparemment possible, à pratiquement supportable, la rémunération de la monnaie serait-elle devenue en même temps opportunément souhaitable?

● La hiérarchie des détentions individuelles de monnaie est-elle comparable à celle des détentions individuelles de capital ?

La situation aberrante que nous avons analysée ne serait donc pas si étonnante? Non seulement la rémunération réelle de la monnaie est un leurre, mais encore son apparence illusoire permettrait-elle de dissimuler la rémunération du capital lorsque cette dernière est parfois réelle?

Qui perçoit aujourd'hui une rémunération du capital qui soit réelle et non pas fictive? L'appareil existant d'observation statistique ne permet pas de répondre rigoureusement à cette question.

Pour y parvenir il conviendrait de décrire la « distribution de fréquence » des montants de capital détenus, pour « tous » les ménages, et non pas seulement pour les seuls ménages détenteurs de capital.

Car il est clair que tous les ménages possèdent nécessairement de la monnaie; leurs paiements et la disparité de cadence de ces paiements les y obligent.

Mais tous les ménages ne possèdent pas nécessairement du capital. Décrire la « distribution de fréquence » concernant la détention de capital en ne tenant compte que des détenteurs de capital, comme on le fait généralement, implique que l'on exclut de l'inégalité ceux qui n'en détiennent pas. Ainsi la dispersion décrite apparaît beaucoup moins inégalitaire qu'elle ne l'est en réalité... A moins que cette présentation partielle ne veuille signifier que les non-détenteurs de capital ne sont normalement pas appelés à en détenir...

● Hiérarchie des détentions de monnaie et hiérarchie des revenus.

La rémunération du capital est parfois réelle, celle de la monnaie-liquidités est presque toujours fictive ou même négative...

Quelles en sont les conséquences sur la hiérarchie des revenus par ménage?

L'observation semble montrer que la détention de liquidités est en rapport avec le montant du revenu dépensé, et plutôt dans un rapport moins que proportionnel. La disparité des cadences entre recettes et dépenses impose en effet un volant de liquidités. Et sur l'ensemble des ménages, il semble en France que le montant détenu est très proche du montant minimal ainsi indispensable.

Mais par ménage, suivant son niveau dans la hiérarchie des revenus la disparité entre cadences de recettes et cadences de sorties peut être atténuée pour les hauts revenus par rapport aux revenus plus faibles (par exemple « grosses dépenses » relativement plus fréquentes c'est-à-dire plus proches de la cadence mensuelle des salaires et annuelle des primes et rémunérations du capital).

On peut en déduire en première approximation que la rémunération réelle de la monnaie qui est nulle ou négative, affecte peu la hiérarchie des revenus; ou si elle l'affecte, elle l'affecterait plutôt dans le sens d'une inégalisation.

● Hiérarchie des détentions de capital et hiérarchie des revenus.

La détention de capital à rémunération réelle plutôt positive, est par contre extrêmement inégalitaire pour l'ensemble de la population, compte tenu des remarques précédentes.

L'observation semble montrer que les très gros patrimoines de rapport sont détenus par des très hauts revenus (qui sont notamment alimentés par leurs rémunérations...), et que les revenus faibles et moyens ne sont généralement pas alimentés par des revenus de patrimoine.

On peut en déduire que la rémunération réelle du capital affecte la hiérarchie des revenus dans le sens d'une inégalisation, surtout en ce qui concerne les hauts revenus.

● L'ABSENCE D'UNE THÉORIE DE LA HIÉRARCHIE DES REVENUS.

Le phénomène de l'inégalité des revenus est aujourd'hui l'objet de nombreuses attentions, surtout critiques. Il est mal perçu, mal compris, mal accepté; pour ne pas dire qu'il est non-décrit, non-expliqué, non-toléré.

Ce malaise résulte notamment d'une carence des théories en vigueur.

L'analyse néo-classique exprime une théorie de la répartition (dite fonctionnelle) en grandes masses de revenus, en ignorant combien d'individus en perçoivent quels montants. Par ailleurs elle fait allusion à la hiérarchie des revenus individuellement perçus (dite répartition personnelle). Pour passer de la répartition (dite fonctionnelle), à la hiérarchie des revenus, il semble que la formule qui prévale soit « à chacun selon ses facteurs » (travail et capital).

Dès lors on est renvoyé à une théorie de la hiérarchie des facteurs autres que le travail c'est-à-dire à la hiérarchie des patrimoines, du moins celle des « patrimoines de rapport » qui permettent de recevoir une rémunération régulière. Et cette théorie ne semble pas encore clairement établie.

● LA HIÉRARCHIE DES REVENUS DU CAPITAL EST BEAUCOUP PLUS ACCENTUÉE QUE CELLE DES REVENUS D'ACTIVITÉ.

A notre époque un souci d'égalisation des revenus s'est fait jour et s'affirme. Dans cette optique il s'agirait, avant d'esquisser une politique d'égalisation et si on veut l'entreprendre, de connaître les inégalités de revenus selon leurs types. Il peut sembler curieux que l'on fasse longuement état de la hiérarchie des salaires et que l'on ignore la hiérarchie des revenus du capital. L'une est sans doute assez accentuée; certains pensent et disent qu'elle est trop accentuée. Mais l'autre est considérablement plus accentuée, et personne n'en traite en toute connaissance et en analyse rigoureuse...

La dissymétrie dans l'approche des inégalités de revenus est telle que notre interrogation précédente ne peut pas en toute lucidité être esquivée :

La rémunération de la monnaie dissimule-t-elle celle du capital?

chapitre 13

QUELQUES PIÈGES THÉORIQUES A ÉVITER

■ DES TRANSPOSITIONS NON-VALABLES DU NIVEAU INDIVIDUEL AU NIVEAU NATIONAL

En réalité bien des types d'explications soi-disant fondées sur des raisonnements au niveau d'individus, méconnaissent la spécificité du niveau national de raisonnements que l'économie politique exige.

Les fondateurs de l'économie politique raisonnaient d'emblée au niveau national, et ils savaient y intégrer aussi les motivations individuelles.

Le courant néo-classique en privilégiant la démarche inverse qui consiste à tenter de transposer au niveau national les raisonnements du niveau individuel, est tombé dans bien des pièges que cette transposition comporte.

Keynes a repris la démarche des fondateurs, mais tout en tenant compte du nouveau phénomène de la monnaie-crédit. C'est la raison pour laquelle il demeure incompris de ceux qui persistent à pratiquer la démarche contraire, dite d'agrégation.

● Fongibilité et rémunération sont incompatibles au niveau national.

L'on a monétisé trop de créances. En système de monnaie-crédit la masse des éléments fongibles se crée sans lien rigoureux avec la croissance des biens réels en circulation; l'inflation devenait possible. On y a surajouté le principe que les créances doivent rémunérer les dettes; alors l'inflation est devenue inévitable.

Individualisées, quelques rémunérations proportionnelles à un capital directement employé en production peuvent être déduites, au sens de soustraites, dans un synchronisme sans délai, de celles des autres individus. Smith et Ricardo l'avaient compris.

Mais globalisé, le principe de rémunération de capitaux impersonnels et désindividualisés devient plus difficilement applicable. Des « créances » qui existent dans le temps indépendamment des personnes qui les détiennent, détruisent le consensus collectif qui ratifierait leur rémunération.

Une certaine fongibilité est la propriété nécessaire à la circulation de ces créances. Dès lors les primes de risques s'estompent, jusqu'à s'effacer.

Comme les créances circulent sans se détruire, il y a permanence quasi perpétuelle de leur validité pour leurs détenteurs successifs. Cette permanence est opposable aussi à leurs débiteurs. Et les débiteurs ne sont plus en rapport direct avec leurs créanciers... L'intermédiation des Institutions financières recouvre une réalité. Sa réussite ne serait-elle pas en vérité trop réussie? Les débiteurs sont-ils encore vraiment débiteurs? et de quels encours? Le remboursement est globalement impossible, si les créanciers désirent détenir un volant d'encours fongibles. Il ne s'exerce alors que des permutations entre individus débiteurs d'une part, et des permutations entre individus créanciers d'autre part. Dans ces conditions quelle signification peut présenter le principe d'une rémunération des encours créditeurs par les encours débiteurs?

● Quelle est la signification au niveau national, des préférences individuelles par rapport au temps?

Sur l'ensemble des individus les préférences individuelles par rapport au temps peuvent s'annuler. Certains sont attentistes; d'autres sont épicuriens. Dans l'ensemble des individus en tant que particuliers, c'est-à-dire dans le groupe des ménages, les épicuriens peuvent contre-balancer les attentistes. Comme Keynes l'a montré, si l'horizon de la moyenne des ménages se rétrécit, si les attentistes craintifs de l'avenir l'emportent en nombre sur les épicuriens, alors une création monétaire est nécessaire; elle est non-inflationniste, car elle alimente l'augmentation de la durée de séjour en encaisse, à flux de dépenses inchangés; sinon ce seraient les flux qui diminueraient c'est-à-dire la montée du chômage.

Mais entre les deux types d'agents, d'une part les ménages qui possèdent (c'est un fait observé) la plus grande part des liquidités et quasi-liquidités, et d'autre part les entreprises qui sont endettées (c'est un fait observé) de la plus grande part des crédits et autres créances émises par les institutions financières, que peut signifier un partage entre épicuriens et attentistes? Les ménages seraient attentistes et les entreprises épicuriennes? Ou bien les entreprises prendraient des risques comme des joueurs au casino, et les ménages percevraient sur l'ensemble de ces jeux, une certaine rémunération, comme les croupiers et les propriétaires des casinos? Il n'est pas nécessaire de souligner l'irréalité de ces hypothèses; elles relèvent de l'économie-fiction que l'économie réelle ne ratifiera jamais.

● Quelle est la signification au niveau national, du taux d'actualisation ?

Au contrôle individuel du débiteur par son créancier véritable, on a substitué progressivement, puis érigé en principe absolu, un procédé automatique et commode celui du calcul du taux de rendement financier.

Ce taux peut se calculer a posteriori; c'est par exemple l'inverse du « price-earning ratio ».

Ce taux peut se calculer a priori; c'est par exemple le taux d'actualisation qui sert de critère au choix d'investissements d'entreprises publiques ou privées.

Ce taux peut s'imposer aux entreprises; c'est le taux de leurs intérêts débiteurs auprès de leurs banquiers.

Ce taux peut servir d'attrait pour les particuliers apporteurs d'argent frais; c'est le taux d'intérêt obligataire que les entreprises doivent leur offrir.

Ce taux peut paraître une gratification aux actionnaires; c'est par exemple le taux de dividendes distribués, en l'absence duquel d'ailleurs le cours des actions s'effondrerait.

Au niveau national, toute cette gamme de taux constitue le principe de rémunération du capital et de la monnaie. Chaque taux considéré isolément a peut-être sa logique propre. Mais l'ensemble des taux devient un principe déraisonnable. Les commodités individuelles se traduisent ici par une incommodité générale.

● Quelle est la signification au niveau national, de l'auto-financement ?

L'auto-financement se révèle alors n'être qu'un mirage. Par définition on ne se finance pas soi-même, ni un particulier ni une entreprise... Dégager sur ses ventes une certaine marge qu'on utilise en achats de biens de production voilà la réalité économique de l'auto-financement d'une entreprise, par-delà sa présentation comptable. Pour une entreprise, pour quelques entreprises, l'arrivée de fonds nouveaux à engager est économiquement possible.

Mais pour les entreprises considérées dans leur ensemble quelle est la signification économique de ce procédé? Si presque toutes les entreprises procèdent ainsi, au niveau national une question concrète se pose. D'où viennent ces nouveaux fonds, ces montants accrus d'unités monétaires? En résumé d'où vient cette nouvelle monnaie? Globalement il est clair qu'elle ne provient pas de la masse de liquidités déjà existantes. Elle n'est pas prélevée sur les autres entreprises, si presque toutes ont le même comportement. Serait-elle alors prélevée sur les ménages?

Les tableaux d'opérations financières publiés aujourd'hui chaque année dans les pays occidentaux nous donnent la réponse. Chaque année les ménages augmentent leurs liquidités... Les « nouvelles » liquidités qui viennent alimenter l'auto-financement ne proviennent pas des ménages. Elles proviennent d'une création ex nihilo conjointement à une création ex nihilo de crédits « nouveaux ». Et à qui sont ouverts ces nouveaux crédits? Non pas pour leur plus grande part aux ménages, mais pour leur plus grande part aux entreprises.

Dans ce processus individuellement mystificateur, et globalement observé dans sa crudité, ce sont les entreprises qui s'endettent davantage en crédits... Comme si elles s'étaient renvoyées les unes aux autres le ballon (la création souhaitée de liquidités), jusqu'à ce qu'il atterrisse dans leur propre but (la création nécessaire de crédits).

■ UNE ANALOGIE ABUSIVE ENTRE REPORT DE CONSOMMATION ET FINANCEMENT DE LA CROISSANCE

En toute rigueur, comme nous l'avons rappelé en chapitre 10, l'avance de fonds dans la production est à perpétuité; elle est presque à fonds perdus... pour l'individu qui n'y exerce aucune activité; car s'il retirait ses fonds sans trouver d'autres individus se substituant à lui comme apporteur de fonds, l'entreprise serait liquidée...

Si un individu désire retirer ultérieurement les fonds qu'il place, il ne s'agit pas d'une avance de fonds pour créer une entreprise. Il s'agit de la constitution d'un encours de « report de consommation », en droits financiers nominalement certains ou non. Les mécanismes de report de consommation ne devraient-ils pas être soigneusement distingués de ceux de la création de productions?

● Le report de consommation n'est pas un engagement de fonds en création d'entreprise.

Il ne s'agit pas de bloquer ou de geler les montants qu'un individu épargne progressivement pendant sa vie active, en prévision de dépenses courantes ou exceptionnelles en sa période d'activité ou de post-activité. Ces montants constituent un encours de « report de consommation », c'est-à-dire de report de dépenses de son revenu, à court ou long terme. Par définition le détenteur conserve la liquidité ou fongibilité, certitude de l'expression nominale de cet encours. La question devient : le rôle de cet épargnant est-il de financer la croissance? Veut-il prélever sur ses revenus d'activité, en vue de faire créer une entreprise? Doit-il réduire la consommation que lui permettrait son revenu, pour engager des fonds dans la production?

Pour la quasi-totalité des individus il n'en est pas question. Et d'ailleurs si un certain nombre d'individus procédait de la sorte, qu'adviendrait-il des débouchés qu'aurait constitués leur consommation supprimée? Ce n'est pas en conservant plus longtemps en encaisse la masse déjà existante de la monnaie en circulation, que l'individu décide de créer de nouvelles productions.

● L'ENGAGEMENT DE FONDS EN CRÉATION D'ENTREPRISES N'EST PAS UNE CRÉATION DE MONNAIE.

Au niveau des individus, le mécanisme de financement des entreprises qui se créent ou s'étendent, peut être un système strictement capitaliste. Certains individus dont les réserves en unités monétaires sont suffisantes en détournent une partie en apport d'argent frais aux entreprises; au lieu d'accroître encore leur consommation déjà élevée, ils font directement acheter des biens de production.

Les créations d'entreprises accroissent habituellement les quantités de biens de consommation. Cette croissance réelle ainsi financée n'implique par elle-même aucune création monétaire.

Du temps de la monnaie métallique ou de la monnaie-papier convertible, des mécanismes autres (extraction ou arrivée d'or, diminution du pourcentage de couverture-or des billets...) assuraient la création monétaire.

On comprend que la croissance réelle et la création monétaire n'étaient pas strictement synchronisées; de larges mouvements de hausse ou de baisse du niveau général des prix pouvaient en découler.

● CRÉATION D'ENTREPRISES ET CRÉATION MONÉTAIRE.

Depuis l'avènement du système de monnaie-crédit, le problème de la coordination des créations réelles de biens et de liquidités se présente différemment.

Comme nous l'avons analysé, à la dualité des types d'encours détenus par les ménages (liquidités et capital financier), s'adjoint la dualité des types de financement des entreprises (crédits et capital financier).

Le système du capitalisme financier subsiste; il assure encore une partie du financement des entreprises qui se créent ou s'étendent. Mais sa part relative diminue.

La part relative du financement par le crédit augmente. La contrepartie du capital réel est en créances monétaires ou financières. La contrepartie de la croissance du capital réel est, soit une création de crédits ex nihilo, soit un nouvel engagement de fonds en unités monétaires déjà existantes.

On voit que la croissance réelle et la création monétaire ne sont pas nécessairement coordonnées.

Dans ce système complexe, le péril ne consiste plus en une création monétaire insuffisante par rapport à la croissance réelle. Il consiste en une création monétaire supérieure à la croissance réelle.

● La « transformation » permet-elle de coordonner création monétaire et croissance réelle ?

Que signifie ce que l'on intitule aujourd'hui « la transformation » par les institutions financières, des encours de liquidités des ménages, en crédits aux entreprises ?

Tout d'abord cet intitulé laisse croire que les nouveaux dépôts peuvent alimenter des nouveaux crédits, alors que les deux créations conjointes ex nihilo s'exercent dans un sens de causalité inverse. Les nouveaux crédits aux uns (surtout les entreprises), font les nouveaux dépôts des autres (surtout les ménages). Par ailleurs cet intitulé ratifie a posteriori des mécanismes complexes que l'analyse économique ne détaille pas. Citons-en seulement quelques-uns que nous avons déjà évoqués.

● Des articulations successives entre des encours en accroissement et des flux de transition.

Un montant nouveau de crédits ex nihilo est accordé à des entreprises. Il correspond en partie (mais laquelle exactement ?) à une augmentation de biens de production, l'autre partie étant assurée en émission de capital financier de type capitaliste.

Ce montant est dépensé par les entreprises, et notamment en revenus versés aux ménages. Une partie des revenus perçus par les ménages (mais quelle partie exactement ?) n'est pas dépensée par eux. Ces revenus non-dépensés accroissent leurs encours de liquidités (pour quelle part exactement ?)

Une autre partie de l'accroissement de leurs liquidités est assurée par l'augmentation des crédits aux ménages (quelle est cette partie auto-assumée ?).

D'autres questions apparaissent encore. Quel nouveau montant d'unités monétaires se présente en achats des ménages auprès des entreprises, compte tenu de l'allongement de la durée de séjour en encaisse ?

Dans quelle proportion ce flux de consommation en unités monétaires ainsi accrues correspond-il à un flux composite de quantités physiques de biens de consommation accrues ? On retrouve ici une expression de l'énoncé qui permet de mesurer l'inflation, hausse des prix nominaux par unité de quantités physiques.

C'est un fait observé que la coordination entre création monétaire et création réelle fonctionne mal. La création monétaire dépasse ce qui serait nécessaire pour l'augmentation des flux réels entre les entreprises et les ménages. La création monétaire superflue ne serait-elle pas liée à un principe inopportun de rémunération des encours ? Nous retrouvons ici sous un autre aspect la question déjà analysée au chapitre 9.

■ UNE ANALOGIE ABUSIVE ENTRE RÉMUNÉRATION D'UN ENCOURS ET MODE DE CONTRÔLE DU DÉBITEUR ?

La gamme des différents types de « report de consommation » est aujourd'hui assez large, pour que le mode prédominant actuel de contrôle du débiteur (c'est-à-dire le taux de rémunération de l'encours) semble assez restreint en principe et peu satisfaisant en pratique.

● Pourquoi la rémunération d'un encours de « droits à consommer » ?

Dans le report individuel de consommation, ce que quelqu'un pourrait acheter aujourd'hui avec son revenu, ne sera acheté par lui que plus tard. En quoi cette décision de report implique-t-elle que cette personne pourra acheter plus tard, davantage qu'aujourd'hui?

Récompense d'un « sacrifice » volontaire? lequel? Si un individu conserve une petite partie de son salaire mensuel par exemple pour pouvoir s'acheter dans quelques années un produit beaucoup plus cher que ses dépenses quotidiennes ou hebdomadaires d'entretien, où est l'esprit délibéré de sacrifice?

Des biens représentant une grosse dépense sont mis peu à peu à la disposition de beaucoup de personnes, par suite de l'amélioration générale des conditions de vie. Ces personnes en tant qu'acheteurs non plus virtuels, mais progressivement effectifs, sont bien obligés de « mettre de l'argent de côté » pendant un an, deux ans, cinq ans, pour pouvoir détenir le montant nécessaire à leurs grosses dépenses.

● L'encours en liquidités est lié à la nature des dépenses.

L'augmentation des encaisses liquides par rapport au flux de recettes, traduit un allongement de la durée de séjour en encaisse. Cet allongement est très normalement lié à la diversité des achats que l'amélioration matérielle comporte, et à l'introduction de biens et services de consommation dont le prix unitaire est plus élevé que celui des achats courants. Aux achats exceptionnels c'est-à-dire peu fréquents par individu, mais de plus en plus nombreux à cause du nombre croissant d'individus qui peuvent les effectuer, correspond en toute logique une augmentation des stocks d'encaisses liquides constituées en l'attente de ces dépenses.

Ce n'est pas la prévoyance de la fourmi qui l'emporte sur l'inconscience de la cigale. C'est la possibilité d'acheter des biens durables nouveaux, qui entraîne la nécessité d'avoir à les payer. L'appétit de dépenses demeure le même et tout aussi urgent. C'est la nature des dépenses qui amplifie le stock des moyens de paiement à détenir, pour satisfaire ces dépenses.

● La rémunération des encours de reports de consommation à très long terme est-elle une participation de leurs détenteurs à la croissance ?

Si l'on considère un individu pendant toute sa durée de vie, on peut penser que sur sa période d'activité, il puisse « mettre de côté » en vue de sa période post-active, qui tend à s'allonger avec l'espérance de vie.

Ce système de report de consommation à long et très long terme, doit-il préserver le pouvoir d'achat des unités monétaires nominales que l'individu peut épargner pendant 30 à 40 ans? Devant l'apparition du phénomène de l'inflation qui avait déprécié en France au lendemain de la seconde guerre mondiale, les encaisses en liquidités ou en obligations, on a créé un système de retraite par répartition. Des « points » ont été attribués gratuitement à certaines des personnes ainsi collectivement lésées. Par la suite le système de retraite par répartition qui s'est implanté et généralisé, signifie-t-il que les retraités puissent indépendamment de l'expression nominale de leurs cotisations antérieures, participer en quelque sorte à l'amélioration du niveau de vie général? Le principe de ces systèmes ne repose explicitement sur aucune clause d'indexation, ni aucun « taux d'actualisation » supérieur à zéro. L'ensemble des cotisations est reversé sur l'année, en un ensemble de prestations.

Au-delà de ces principes stricts d'application, il semble qu'une certaine participation à l'amélioration générale des conditions de vie soit au moins implicitement posée. Convient-il d'y voir a posteriori une application d'un principe plus général de participation à la croissance, auquel tout détenteur d'encours de liquidités pourrait prétendre?

Notons seulement qu'en pratique le taux de rémunération nominale des encours de liquidités, s'est presque toujours avéré inférieur à la perte de pouvoir d'achat de ces encours nominaux...

● L'ambiguïté des actifs financiers non-liquides.

Nous sommes ici à la charnière des deux types d'encours financiers que les ménages peuvent détenir. Qu'en est-il alors de la rémunération des encours de droits financiers comme engagement direct de fonds dans des entreprises?

Dans le système de financement capitaliste par apport individuel de fonds engagés à perpétuité, on peut évidemment se demander si en l'absence de rémunération des apporteurs de fonds se présenteront. Comment exiger de la part d'individus une abnégation telle que leur apport de fonds serait engagé à perpétuité comme à fonds perdus, et sans rémunération? A la lumière de la distinction qui vient d'être posée entre « report de consommation » et « création de productions », la question s'éclaire un peu. S'agit-il d'un encours de « report de consommation » d'un type un peu différent des liquidités et des droits à retraite? Ou s'agit-il d'un mode de financement d'entreprises qui se créent ou s'étendent? Une ambiguïté de fait demeure.

● Le taux de rémunération est-il un bon critère de contrôle du débiteur ?

En se reportant au mécanisme du système de monnaie-crédit, on est amené à un certain raisonnement par analogie.

Les institutions financières reconfirment ou non, les crédits consentis à telle ou telle entreprise. Leurs critères de reconfirmation ont-ils une signification d'un point de vue se situant au niveau national de l'ensemble des entreprises?

En le supposant, ce même type de critères est-il appliqué par les particuliers qui détiennent des actions?

On peut se demander si l'explicitation d'un taux de rendement financier, calculé d'après les bénéfices, n'a pas dépassé son objet.

S'agit-il d'une expression comptable quasi-automatique, qui permet aux prêteurs de renouveler leur confiance à l'entreprise en y laissant leurs fonds engagés, et en y réincorporant les dividendes distribués?

Ou s'agit-il d'encaisser ces dividendes pour les dépenser, de revendre les actions après plus-values de leur cours, sans se préoccuper de la marche de l'entreprise dans l'avenir?

L'ambiguïté de fait entre ces deux mécanismes découle du caractère de négociabilité des actifs financiers non-liquides, comme nous l'avons déjà analysé. Le mode de contrôle du débiteur auquel des particuliers ont apporté des fonds, a pu sembler plus commode en l'exprimant par un « taux de rendement ». Mais ce mode de contrôle anonyme et technocratique suscite aussi le désintérêt des apporteurs de fonds, et globalement leur désaffection.

Ne conviendrait-il pas d'imaginer un autre mode de contrôle, dont l'énoncé serait détaché d'un principe absolu de rémunération de détention anonyme et impersonnelle de capitaux financiers qui se détachent progressivement de ce qu'ils représentent à savoir les biens de production employés?

■ UNE ANALOGIE ABUSIVE ENTRE TRAVAIL RÉMUNÉRÉ ET CAPITAL RÉMUNÉRÉ

● Une assiette et un taux pour définir la rémunération du capital.

On assimile parfois le capital humain, au capital tout court (financier ou réel?). Une analyse un peu réfléchie révèle que cette assimilation est abusive.

Ce qui pose question est le fait suivant.

Rappelons que la rémunération du capital est déterminée non seulement par un « taux » comme les autres types de revenu, mais encore par une « assiette », cette assiette pouvant d'ailleurs être accrue par décision du bénéficiaire de ce type de revenu.

Toute analogie entre le capital rémunéré par un taux, et un capital dit humain, dont le salaire serait la rémunération, apparaît délicate.

● Soit une assiette, soit un taux pour définir la rémunération du travail.

L'acquisition par un individu d'une qualification ou d'une compétence professionnelle, doit-elle être considérée comme l'accroissement d'une « assiette » de rémunération? Ce serait le cas si on envisage que le capital dit humain est en quelque sorte l'assiette du salaire. Elle serait variable suivant les individus. Elle modulerait ainsi un taux moyen ou taux-type du salarié moyen.

Ou au contraire doit-on la considérer comme une augmentation du « taux » du salaire de cet individu? Ce serait le cas si on exprime l'inégalité des taux de salaires comme l'ont fait Smith et Ricardo notamment.

Ce qui paraît impossible, c'est d'analyser un montant de salaire, à la fois par une « assiette » du salaire, et par un « taux » du salaire.

Tandis qu'il est nécessaire d'analyser un montant de profits distribués ou d'intérêts de capitaux, à la fois par une « assiette » (les capitaux détenus), et par un « taux » (le taux de rendement de ces capitaux).

● L'échelle des taux du salaire.

Dans le premier cas la gamme des taux de salaires s'établit autour d'un taux moyen, d'après le capital dit humain de qualification, compétence, etc...

Notons que ceci correspond à l'échelle des dextérités comparatives de Ricardo.

Ou encore à la diversité des salaires individuels, à partir du « temps de travail socialement nécessaire », unité neutre de mesure pour Marx, le travail complexe étant un certain multiple du travail simple.

● Le taux de salaire actualisé.

Dans cette optique on doit tenir compte aussi de la durée d'exercice du travail; il faut rendre comparables les salaires horaires, mensuels ou annuels; il faut considérer la durée hebdomadaire, ou mieux la durée annuelle en tenant compte des congés.

Mais il s'agit aussi de la durée d'exercice sur la vie entière de l'individu. La durée de formation (et suivant qu'elle est rémunérée ou non), comme la durée de perception des prestations-retraites de post-activité, doivent évidemment entrer en ligne de compte avec la durée de la période active rémunérée par un salaire.

Le rassemblement de tous ces éléments permet seul d'apprécier la hiérarchie des taux de salaires. Ce sont les taux dits actualisés sur la vie entière des individus.

Ce n'est pas un hasard si l'expression d' « actualisation » apparaît. Elle traduit l'analogie entre le déroulement de la vie de chaque salarié, et la gestion d'un capital sur un horizon de 50 à 80 ans ou plus.

● LE TRAVAIL, SOIT EN TERMES DE STOCK, SOIT EN TERMES DE FLUX.

Cette analogie est choquante, non pas par son énoncé, mais par la confusion qu'elle peut permettre d'entretenir. Le salaire peut-il être exprimé comme la rémunération d'un capital-stock, sous réserve de ses particularités? Pourquoi pas...

Mais il convient de ne pas tomber dans la méprise que cette présentation peut provoquer. Elle ne doit pas suggérer une similitude entre le travail et le capital rémunéré...

Pour un salarié, ou bien son travail se présente comme un « stock » qu'il pourrait gérer en entrées (durée et qualité de son éducation), et en sorties (durée et qualité de l'exercice de sa prestation).

Ou bien il se présente comme un « flux » en tant qu'exercice répété pendant une durée institutionnellement définie qui s'impose au salarié.

Mais il ne peut pas se présenter comme les deux superposés : un « stock » à gérer en entrées et en sorties désynchronisées, et en plus un « flux » à assumer continûment.

chapitre 14

POUR UN RENOUVEAU DE L'ÉCONOMIE POLITIQUE LIBÉRALE

Le principe de rémunération de la monnaie et du capital n'aurait-il pas coupé le souffle épique de l'économie politique originaire?

■ LA RÉMUNÉRATION DE LA MONNAIE ET DU CAPITAL MISE EN QUESTION

Résumons trois points principaux de notre analyse.

1° Le principe de rémunération des capitaux découle d'une économie politique simplifiée jusqu'à en être altérée.

2° Avec l'avènement du système de monnaie-crédit, est apparue la montée d'une confusion entre monnaie et capital financier, et d'une dissociation entre capital financier et capital réel.

3° La rémunération de la monnaie-crédit suscite une création monétaire automatique et excessive, c'est-à-dire une inflation irréversible qui corrige maladroitement des transferts irrationnels entre entreprises et ménages.

La prise en considération de ces trois points amène à en déduire quelques réflexions. Le principe de rémunération de la monnaie-crédit ne repose sur aucune argumentation intrinsèque, et s'avère manifestement nocif.

Par ailleurs le principe de rémunération des capitaux financiers est indissociablement lié à celui de rémunération de la monnaie-crédit.

Alors une question doit être posée en toute lucidité. Le principe de rémunération des capitaux financiers peut-il être considéré comme bénéfique dans l'ensemble du système actuel d'économie politique?

L'argumentation qui l'a fondé en simplifiant les principes originaires de l'économie politique, subsiste-t-elle aujourd'hui avec suffisamment de poids, pour contrebalancer les conséquences désastreuses qu'il implique maintenant avec l'instauration de la monnaie-crédit?

Tout revenu est un flux à renouveler. En définissant un revenu par un flux lié à un stock, on le dénature par rapport aux autres revenus.

Pour être encore plus clair, exprimons-nous par questions et réponses.

Le capital-stock réel? Son augmentation relative est nécessaire au progrès de la consommation globale.

La propriété de ce capital? La propriété privée des biens de production est souvent la garantie de leur fonctionnement efficace sans gaspillage ni inutilisation.

La rémunération de cette propriété? En l'absence de participation à l'activité de l'entreprise, quelle contre-partie justifie une rémunération régulière?

La propriété du capital peut-elle être détachée de sa rémunération? Le cumul de la propriété et de sa rémunération n'est qu'un principe. Leur non-cumul est un autre principe, qu'on peut explorer.

Être propriétaire d'un capital est un état de fait; bénéficier de plus-values sur encours ne serait-ce pas suffisant? Être en plus rémunéré régulièrement, ne serait-ce pas trop?

Si ce « trop » a des conséquences globales vraiment pernicieuses, il est valable de s'interroger sur l'existence de son principe.

■ A LA RECHERCHE D'UNE SIGNIFICATION COLLECTIVE DES PROFITS D'ACTIVITÉ INDIVIDUELLE

Les profits d'activité ne seront pas réhabilités dans la clandestinité, mais dans l'affirmation de leur rôle bénéfique pour la collectivité nationale. En s'inspirant des analyses d'Adam Smith, de Keynes (son chapitre 16), et de Schumpeter (son analyse de l'innovation), on pourrait esquisser une théorie des profits, reliée à une théorie de la hiérarchie des revenus.

L'incitation au pourvoiement en capitaux réels signifie l'existence d'une prime de rareté pour ceux qui en décident l'augmentation, dans leur participation effective à l'activité productive.

Elle signifie aussi un sur-revenu par rapport à la prestation qu'ils fournissent.

Ce type de revenu réalise un prélèvement sur les autres revenus; mais il a une justification collective par rapport à leur ensemble. Pour que chaque revenu croisse réellement il faut que les quantités de biens de production croissent plus que proportionnellement par rapport à celles des biens de consommation. Cette véritable découverte d'Adam Smith est toujours valable.

Le nouveau contenu de la croissance réelle que des préoccupations écologiques souhaitent susciter ne doit pas la faire oublier. Il ne s'agit pas d'amasser des richesses matérielles prélevées sur un stock limité que la planète contiendrait. Il s'agit de réaliser le fonctionnement des échanges, à qualifier ou non de mercantiles, cet adjectif n'impliquant pas nécessairement un droit de péage abusivement prélevé.

Car le nombre d'échanges s'accroît en même temps que les tâches de chacun se particularisent. C'est un fait observable indépendamment des systèmes économiques.

Même l'augmentation relative des activités dites de service implique une augmentation absolue des quantités matérielles. Car la consommation privée de ces nouveaux prestataires de services comporte des quantités de biens matériels de consommation...

L'augmentation relative du « capital réel » par rapport au « fonds réel de la consommation » est collectivement bénéfique pour chaque individu, si elle est liée à l'instauration d'une subdivision des tâches, et non à l'introduction d'un machinisme réducteur d'emplois.

Pour apprécier cet effet bénéfique il conviendrait peut-être de mesurer la productivité globale par le rapport des quantités de produits destinés aux ménages, au nombre de la population totale.

■ UNE ALTERNATIVE INVERSE DE CELLE DES RÉGIMES SOCIALISTES

Il peut apparaître curieux que les régimes socialistes, URSS, Europe orientale, Chine, aient adopté semble-t-il actuellement le principe de rémunération de capitaux liquides (dépôts d'épargne à taux d'intérêt de 1 à 3 %, et taux d'intérêts débiteurs sur crédits), et par ailleurs aient récusé doctrinalement le principe de rémunération d'individus actifs en proportion des capitaux réels qu'ils emploient.

Le premier principe issu d'une économie politique simplifiée et dénaturée, ne peut que susciter à plus ou moins long terme une inflation déclarée et irréversible. Les économies libérales la subissent déjà. Les économies socialistes ne pourront probablement pas y échapper.

Le deuxième principe est le principe originaire de l'économie politique; il a permis une marche rapide vers l'opulence matérielle collective. Mais son glissement vers une rémunération liée à des capitaux financiers, image des capitaux réels, et versée à des personnes inactives, a provoqué une disparité des revenus individuels de plus en plus accusée, avant de tenter de la dissimuler dans le brouillard de l'inflation.

Face à l'alternative que les économies socialistes semblent avoir choisie, c'est l'alternative exactement inverse qu'il conviendrait sans doute d'envisager pour les économies libérales : abandon du principe de rémunération des capitaux, et réhabilitation de la rémunération d'individus actifs liée aux capitaux réels employés.

Certes cette proposition logiquement fondée implique des modalités d'application dont l'étude pourrait être entreprise..., si elle rencontre un début d'attention.

Il est clair dès maintenant qu'elle concernerait divers domaines. Citons-en quelques-uns; la hiérarchie des salaires, son principe et sa signification; les reports nominaux de consommation à court terme et à très long terme, leur pouvoir d'achat et leurs modes d'intermédiation institutionnelle; les valeurs mobilières, leurs modalités juridiques et leur négociation; le coût de fonctionnement de la monnaie et du crédit, son établissement et son imputation; la création de crédit et de monnaie, sa rationalité et son contrôle.

■ LA THÉORIE L'EMPORTE EN FRANCE SUR LE PRAGMATISME

Parler de quasi-révolution économique serait sans doute excessif, car cette proposition n'implique aucune modification institutionnelle. Par contre au niveau de l'énoncé des principes théoriques, elle implique un bouleversement sur un point précis.

Il semble qu'en France la théorie soit trop appréciée. On fait concorder plus qu'ailleurs les décisions concrètes avec un raisonnement abstrait. Alors les effets d'une théorie irréaliste y sont plus graves.

Dans la plupart des autres pays occidentaux développés, on s'accommode davantage d'une divergence entre théories enseignées et pratiques suivies. Il s'y exerce de fait des rectifications opportunes d'une théorie dominante et inadéquate, dans ses implications précises concrètes et quotidiennes. On y intitule ces rectifications opportunes, des « compromis ». En France ce vocable devient péjoratif; il sous-entend un glissement vers la « compromission ».

Faute de compromis pratique avec une théorie malencontreuse, il convient en France de démontrer théoriquement l'erreur de la théorie, pour que l'on ne tente plus, malgré toutes les évidences concrètes repoussées comme ne correspondant pas à la théorie, de l'appliquer quand même.

Notre discours théorique a finalement un but très pragmatique. Il souhaite avertir que la non-application d'une théorie insatisfaisante et irréaliste, peut être justifiée... théoriquement.

Tâche que l'on pourra juger trop subtile, ou vouée à l'échec face à l'implantation de la théorie existante. Tâche que la montée des périls nous a fait malgré tout, entreprendre.

■ NÉCESSITÉ D'UN RENOUVEAU THÉORIQUE

Ainsi les difficultés de fonctionnement de nos économies libérales contemporaines résultent d'une insuffisance de la pensée théorique. Les nombreuses ramifications d'une théorie simplifiée et dénaturée ne doivent pas faire illusion; elles ne découlent pas d'une pensée lumineuse comme celle de Smith, mais d'une idée terne qui entretient les pires confusions, alimente sans fin des polémiques stériles, et occasionne des formalisations mathématiques hors propos.

Nous ne disons pas que les analyses en vigueur sont inadéquates à la représentation de la réalité. Elles sont certes imparfaitement conformes aux phénomènes observés; ce qui signifie qu'elles sont aussi en partie représentatives des faits. Ce n'est pas leurs imperfections que nous mettons en cause.

Notre remarque se situe au-delà de leurs imperfections. Notre inquiétude concerne l'action qu'elles sont parvenues à exercer sur le déroulement même des phénomènes observés. Les analyses économiques actuelles ne sont certes pas complètement déconnectées de la réalité; et c'est bien là le drame. Le postulat doctrinal qui les fonde, a façonné peu à peu la réalité économique elle-même.

Nous ne disons pas que la réalité s'est calquée sur ce que les analyses voudraient qu'elle soit. Nous disons que les phénomènes économiques ont subi l'irréalité d'un postulat doctrinal que l'on pensait vérifiable et vérifié.

A force de proclamer certaines contre-vérités, elles parviennent à atteindre la réalité, dans une certaine mesure.

Mais voilà, quelle est cette réalité économique dont on voudrait penser qu'elle se façonne? dont on va jusqu'à penser qu'elle est seulement ce que l'on pense qu'elle est? qu'elle existe parce qu'on la fait exister?

En vérité elle est peut-être tout simplement autre. Elle se situe peut-être au-delà de ce que l'on peut en penser.

En clair, disons que la réalité économique réagit à ce que l'on veut qu'elle soit; mais que sa modification ne va pas nécessairement dans le sens qu'on souhaitait.

La politique économique propose, et la réalité économique dispose.

Une des catastrophes économiques depuis près d'un siècle est d'avoir voulu imposer un principe incompatible avec la réalité économique.

La réalité économique s'y est adaptée, de manière à le rejeter.

Ce principe irréaliste est celui de la rémunération du capital. Pour l'imposer il a fallu l'étendre à la monnaie. Pour le rejeter, la réalité a créé des mécanismes qui parviennent plus ou moins à le vider de son contenu.

A principe irréaliste, applications perturbatrices.

A doctrine impraticable, pratiques inconsistantes. Le comble de l'aveuglement serait alors d'essayer de comprendre les perturbations et l'inconsistance, sans admettre l'irréalité de la doctrine.

Décrire les perturbations pour elles-mêmes, ce serait s'enfoncer dans l'imbroglio théorique. Nous avons plutôt tenté de montrer en quoi le principe est irréel, et comment il a suscité les perturbations.

A partir de cet essai, tout reste à faire.

Tenter de théoriser la réalité telle qu'elle est, et non pas telle qu'on voudrait qu'elle soit.

Définir des politiques économiques réalistes et non pas inefficientes.

Si l'économie politique réduite à des postulats s'achève, l'économie politique régénérée et rénovée commence...

ACHEVÉ D'IMPRIMER
LE 12 DÉCEMBRE 1977
PAR L'IMPRIMERIE FLOCH
A MAYENNE (FRANCE)

(15433)

DÉPÔT LÉGAL : 4e TRIMESTRE 1977